TORONTO MEDIEVAL LATIN TEXTS 26

This book is dedicated to the memory of
Leonard E. Boyle, OP, OC
(1923–1999)

The life, qualities, and achievements of Leonard Boyle have been commemorated elsewhere. Among his many activities, he was a founder-member of the Editorial Board of this series. His editorial conservatism, manifested in the course on Diplomatics which he taught at the Pontifical Institute of Mediaeval Studies and in the University of Toronto's Centre for Medieval Studies, is one of the foundations of the TMLT's principle of respect for a single manuscript. Beyond this, he gave his energetic support to the series in its early days, reviewing proposals and carefully reading submissions (often re-editing them himself), and he remained an active member of the Editorial Board until his death.
We are in debt to his help and guidance,
and will miss him.

A Book of
British Kings

1200 BC – 1399 AD

Edited from British Library MSS
Harley 3860, Cotton Claudius D. vii,
and Harley 1808
by

A.G. RIGG

Published for the
CENTRE FOR MEDIEVAL STUDIES
by the
PONTIFICAL INSTITUTE OF MEDIAEVAL STUDIES
Toronto

Canadian Cataloguing in Publication Data

Main entry under title:

A book of British kings, 1200 BC–1399 AD

(Toronto medieval Latin texts, ISSN 0082–5050 ; 26)
Includes bibliographical references.
ISBN 0–88844–476–1

1. Great Britain – History – To 1485.   2. Great Britain –
History – To 1485 – Poetry.   3. Historical poetry, Latin –
England – Early works to 1800.   I. Rigg, A.G., 1937– .
II. British Library. Manuscript. Harley 3860.   III. British
Library. Manuscript. Cotton Claudius D. VII.   IV. British
Library. Manuscript. Harley 1808. V. Pontifical Institute of
Mediaeval Studies.   VI. University of Toronto. Centre for
Medieval Studies. VII. Series.

DA130.B66 2000   942   C00–930227–1

© 2000 by
The Pontifical Institute of Mediaeval Studies
59 Queen's Park Crescent East
Toronto, Ontario, Canada M5S 2C4

Printed in Canada

CONTENTS

TORONTO MEDIEVAL LATIN TEXTS

PREFACE

The TORONTO MEDIEVAL LATIN TEXTS series is published for the Centre for Medieval Studies, University of Toronto, by the Pontifical Institute of Mediaeval Studies. The series is intended primarily to provide editions suitable for university courses and curricula, at a price within the range of most students' resources. Many Medieval Latin texts are available only in expensive scholarly editions equipped with full textual apparatus but with little or no annotation for the student; even more are out of print, available only in libraries; many interesting texts still remain unedited.

Editions in this series are usually based on one manuscript only, with a minimum of textual apparatus; emendations are normally made only where the text fails to make sense, not in order to restore the author's original version. Editors are required to select their manuscript with great care, choosing one that reflects a textual tradition as little removed from the original as possible, or one that is important for some other reason (such as a local variant of a text, or a widely influential version). Manuscript orthography and syntax are carefully preserved.

The Editorial Board is not merely supervisory: it is responsible for reviewing all proposals, for examining all specimens of editors' work, and for the final reading of all editions submitted for publication; it decides on all matters of editorial policy.

All of the volumes in the series are printed by photo-offset lithography, from camera-ready copy prepared at the Centre for Medieval Studies, using its computer and printing resources.

As General Editor, I would like to thank the Centre for Medieval Studies and its Directors, past and present, for their continuing support and encouragement at all stages in the development of the series.

A.G.R.

ACKNOWLEDGMENTS

The texts printed in this volume, edited from Harley and Cotton manuscripts, are published with the permission of the British Library. This edition is part of a long-standing study of the *Metrical History*, its manuscripts, sources, commentaries, and analogues. In working on it I have received invaluable advice, encouragement, and assistance from many people: Dr Jonathan Black, and Professors James Carley, Barry Dobson, Ruth Harvey, Jeanne Krochalis, John Taylor, and Colin Tite. I am grateful to the two anonymous readers of the Humanities and Social Sciences Federation of Canada for their helpful suggestions, but most of all to my old friends and learned colleagues on the Editorial Board, Brian Scott and Michael Winterbottom, who have faithfully served this series since its beginnings and have now, by their meticulous analyses of this project, aided me personally.

Finally, it is a pleasure at last to acknowledge the colossal contribution to the Toronto Medieval Latin Texts series of Anna Burko, who has now seen twenty-three volumes to press. Her care for detail and accuracy have maintained the consistent quality of the series: individual volumes certainly have their share of errors, but none of them are Anna's. I am now personally indebted to her firm refusal to allow even a General Editor to fall below her high standards.

This book has been published with the help of a grant from the Humanities and Social Sciences Federation of Canada, using funds provided by the Social Sciences and Humanities Research Council of Canada, whose support is acknowledged with thanks.

A.G.R
Toronto, 2000

INTRODUCTION

This volume contains texts that recount the history of Britain from its legendary founding by Brutus in 1200 BC to the fall of Richard II in 1399 AD:

1) the *Harley Epitome,* a prose account from Brutus to Henry III (1272), edited from London, British Library, MS. Harley 3860 (HE);[1]

2) the *Metrical History,* a versification of the *Harley Epitome* in end-rhymed hexameters, edited from BL Cotton Claudius D. vii (C);[2]

3) a marginal prose commentary on the poem, also from the Claudius manuscript (Cc);

4) a continuation of the poem, in elegiac couplets, from Edward I to Richard II (1272–1399), edited from BL Harley 1808 (H[1]), with support from BL Harley 2386 (H[2]); together, these manuscripts are referred to as H;

5) a prose commentary on the continuation, also edited from H[1] and H[2] (and referred to as Hc).

The modern reader may wish to read the *Harley Epitome* along with the *Metrical History,* to see how a prose text is versified, or to follow the medieval reader and read the poem and commentary together.

The sequence of composition seems to have been as follows. In the reign of Edward I, someone wrote an epitome of British regnal history, using Geoffrey of Monmouth and later histories to 1272; one version of this (represented by HE) was the source of the poem, and another provided the prologue to Walter of Coventry's *Chronicle.*[3] Probably in the late fourteenth century, someone, using a text of HE that lies behind Harley 3860 (Ur-

---

1   Extracts from the *Harley Epitome* were printed by Joseph Stevenson, *Wallace Papers,* Maitland Club (Glasgow 1841), but I have not seen them.

2   The first 404 lines were published by J. Hammer, 'Une version métrique de l'*Historia regum Britanniae* de Geoffroy de Monmouth,' *Latomus* 2 (1938) 131–51. Hammer did not know the true source.

3   *Memoriale fratris Walteri de Coventria,* ed. W.W. Stubbs, 2 vols, RS 58 (London 1872–3) I, 3–18. Abbreviated references take the form *WC.*

HE), turned the prose text into verse; this poem is extant in five manuscripts (see below, p. 8), of which C seems to be the most pure, as the others have modified the text by 'correcting' it from the sources (where HE and C had, for example, omitted something). At about the same time, material was assembled for a commentary, and this appears in four of the five manuscripts; the resulting four versions share common elements but also vary individually (in style, length, selection of comments, local information, etc.). The 'Supercommentary,' a kind of master file of notes (see below, p. 14), was also the source for a connected mini-chronicle, the *Historia Britonum abbreviata* from Brutus to Cadwaladr (contained uniquely in C), which not only uses the commentary (rather than Geoffrey of Monmouth directly) but quotes the poem itself. Sometime after 1400, someone else, in a new metre, continued the poem to 1399, and to this was added a prose commentary, perhaps by the same author.

Context and Purpose of the Texts

In the late fourteenth century, knowledge of pre-Saxon Britain depended almost entirely on Geoffrey of Monmouth's *Historia regum Britanniae;*[4] Roman historians, such as Tacitus, were either unknown or ignored. Geoffrey's *Historia* and the accounts of other historians of Anglo-Saxon England were often abbreviated—Geoffrey, for example, in Henry of Huntingdon's letter to Warin[5]—and many chroniclers prefaced their works with an epitome of events up to the point where they began to write about their major topic, as Walter of Coventry did with his version of the *Harley Epitome.*

Anglo-Latin poetry in the second half of the fourteenth century was predominantly political or historical—on the Hundred Years War, the strife between friars and monks or secular clergy, Lollards, the war in Spain, the Peasants' Revolt,

---

4   The *Historia regum Britannie of Geoffrey of Monmouth*, ed. N. Wright, 2 vols (Cambridge 1984–8). Abbreviated *GM*.
5   *Historia Anglorum*, ed. D. Greenway (Oxford 1996) pp. 558–83. Henry wrote the letter after he had seen a copy of *GM* at Bec in 1139.

Scottish affairs, and the downfall of Richard II.[6] In the north of
England a metrical history of the church of York, compiled
from old records, was composed for inclusion on the *tabulae,*
a wooden triptych (still extant) containing historical monuments of York. The *Harley Epitome* and the *Metrical History*
are manifestations of the influence of Geoffrey of Monmouth,
the habit of abbreviation, and political-historical poetry. But
versification of prose may have another purpose.

Mnemonic verse has a long, largely unstudied, history.
There were verses to help memorize the sacraments, the sins,
the calendar of saints, canon law, and grammar and metre.[7]
Alexander of Ashby states specifically that his poem on the
saints, in the order of the calendar, was to make them easily
memorable.[8] We know from contemporary sources that the vic-
ars choral of the cathedral at York were required to be able to
'repeat the histories,' that is, the contents of the tabulae mentioned above.[9] I suggest that the poem edited here is also a
mnemonic; although, to our eyes, it is rather long, it encapsules
in 646 lines nearly 2500 years of history, a productive ratio; the
continuation (222 years in 262 lines) makes a smaller profit but
is no less memorable. The poem—no literary masterpiece—
makes sense as a pedagogical tool, and this is supported by the
existence of the prose commentaries (here represented by the
version in Cotton Claudius D. vii, referred to as Cc).

Thus, someone summarized British history in a few pages
(the *Harley Epitome*); someone else versified the *Epitome,*

---

6   See A.G. Rigg, *A History of Anglo-Latin Literature 1066–1422* (Cam-
    bridge 1992) pp. 241–309; 'Anglo-Latin in the Ricardian Age,' in *Essays
    on Ricardian Literature in Honour of J.A. Burrow,* ed. A.J. Minnis et al.
    (Oxford 1997) pp. 121–41.
7   See Rigg, *History,* Index s. *mnemonics.* The most notable mnemonics for
    grammar and metrics are Serlo of Wilton's *Versus de differentiis* 'Dactile
    quid latitas,' Eberhard's *Graecismus,* and the *Doctrinale* of Alexander de
    Ville-Dieu.
8   Prologue to Alexander's versified calendar of the saints, Oxford, Bodleian
    Library, MS. Bodley 527, fol. 85r.
9   F. Harrison, *Life in a Medieval College: The Story of the Vicars-Choral of
    York Minster* (London 1952) pp. 64–7, citing letters patent of 1421.

allotting a few lines at most to each king; someone then, using the same sources as the original abbreviator, clarified the poem by adding marginal notes. As the authors of these works had access to the much fuller sources, they had no need of these abbreviations for their own purposes; their intended audience was much less advanced, probably schoolboys. The poem would be memorized, and the commentary used as a way of expanding and clarifying the brevity. This process—an epitome expanded, in notes or lectures, in greater detail—is still a common method in pedagogy.

We know almost nothing about the teaching of 'history' in the Middle Ages. Adult historians, usually monastic, read other historians, but how did children first learn about the past, especially of their own country? Did they learn anything at all? Clio was a Muse in the ancient world, but 'history' had no official place in the medieval seven liberal arts, the trivium of grammar, rhetoric, and dialectic, or the quadrivium of arithmetic, music, geometry, and astronomy. Training in rhetoric might involve the reading and imitation of ancient historical writers, but I suspect—and this can only be a guess—that the grammar teacher played a great part in giving basic historical information to children at an early age. British children of my day knew all about King Alfred and the cakes, the Armada, and the Gunpowder Plot long before they began formal training in history, and it is likely that this knowledge came from elementary teachers. My suggestion is that the *Metrical History* was intended to play a similar role in the early education of children of York.

Place of Composition

The *Harley Epitome*, followed by the poem (HE/338–40, C/408, as printed in this edition), says that Adelstan (I) granted Amounderness in Lancashire to the canons of York, a detail of no interest to anyone except those canons. The associations of all these texts are with York and the north of England. The provenance of Harley 3860 is not known, but Walter of Coventry, whose preface closely resembles the text HE records, was at York, possibly at St Mary's Abbey.[10] Three manuscripts of the *Metrical History* and its continuation, BL Titus A. xix (T), Bodleian Digby 186 (D), and BL Harley 1808 (H[1]), have clear associations with York, and Harley 2386 (H[2], Norwich) was copied from Harley 1808.[11] The first page of Cotton Claudius D. vii (C) is headed 'Johannes eboraci' (see below).

The development of the texts, from Geoffrey of Monmouth through the *Harley Epitome* and poem to the commentaries and continuation, shows increasing interest in northern affairs. Places unspecified in Geoffrey are given northern contexts, and some are even altered. The focus is always on the Scottish border rather than (say) southern England or the continent; for example, at HE/410–11 the only detail recorded for the reign of Harald, Cnut's son, is that the Scots did not rebel. This preoccupation no doubt results from the intensified Anglo-Scottish hostility after Edward I's claim to overlordship of Scotland and his attempt to use history to support his claim.[12] In addition, the commentaries show strong interest in local

---

10 Private communication from Professor John Taylor; see also Taylor in the Bibliography below.

11 For an account of T, see J. Krochalis, 'History and Legend at Kirkstall in the Fifteenth Century,' in *Of the Making of Books: Medieval Manuscripts, their Scribes and Readers,* ed. P. Robinson and R. Zim (Ashgrove 1997) pp. 230–56. On the relationship between T and D, see J.P. Carley and J. Crick, 'Constructing Albion's Past: An Annotated Edition of *De origine gigantum.' Arthurian Literature* 13 (1995) 41–114, esp. 76–81 and, on H[1] and H[2], pp. 74 and 82–3. The provenance of T and D is confusing, as both are composite MSS; T is s. xv, D s. xvi (last third). The fly-leaves of D are from St Mary's Abbey, York, but are much older than the rest of the MS; several parts of D were copied from T. Parts of T and D (though not those containing this poem) used the same paper stock. Parts of T were certainly copied at Glastonbury and others by a Kirkstall scribe, but many of its contents are overwhelmingly associated with York. At line 405 T has a note on the founding of St Leonard's Hospital and on the Colidews (see *Oxford English Dictionary* s. *Culdee*), who are mentioned in the foundation charter of St Leonard's (see below, n. 22). The evidence for the localization of H[1] is the overwhelming association of its contents with York.

12 For a full account of the use of ethnic historiography in support of English and Scottish claims in the period, see Carley-Crick (above, n. 11), pp. 42–4, 54–69, with full bibliography.

geography. In Geoffrey of Monmouth, Elidur (see C/151–8) finds his brother Argabus 'in nemore Calaterio'; since earlier (*GM* §37) Geoffrey describes the conflict between Brennius, coming from the south, and Belinus, who is in 'Albania' (Scotland), at Calaterium, we can assume that he meant somewhere on the Scottish border. In the *Harley Epitome,* the prose commentary in Cotton Claudius D. vii (Cc), and related commentaries this is specified as Inglewood, a forest area in Cumberland between Carlisle and Penrith. In Geoffrey and the *Harley Epitome* Argabus is buried at Kaerleir (Leicester), but in the Claudius and Digby commentaries (Cc and Dc) this has become Carlisle (see note to C/151–9, p. 35), and Cc specifies 'in the church of St Alban.'[13] According to Geoffrey, Marius (C/203–14) erected a stone to commemorate his victory over Raduc; Cc and others call this the 'Rerecross' and Hc (the commentary in H[1] and H[2]) places it 'super Staynemore,' a village in northern Yorkshire. Severus (C/227–34) built Hadrian's Wall, which Cc and Dc call 'Thirlewalle,' a village on the Northumberland-Cumberland boundary, twenty miles east of Carlisle.[14]

In the *Metrical History* continuation and its commentary, the interest is overwhelmingly northern: major historical events are passed over in favour of Scottish affairs. All probability favours York—probably the cathedral or St Leonard's—as the place of composition and use, and someone with a knowledge of Cumberland and Westmorland as author of the commentary.

Author

As mentioned, C fol. 5r is headed 'Johannes eboraci'; this may be the owner of the book, and it would be satisfactory to identify him as a schoolteacher who organized the whole programme. Medieval York, of course, must have been full of

13 There was a church with this dedication at Carlisle but not at Leicester, where St Alban's Church is very recent.

14 In the note to lines 339–58 in H, Hc says that Arthur fortified the city of 'Borowham' with two castles, 'Plompton' and the 'Castle of the Giants' 'iuxta la Roundtable.' Brougham (Lat. *Brovacum*) is close to Penrith; the Giant's Castle and Round Table are prehistoric monuments near Penrith.

Johns, and no certain identification is possible. In 1368 Symon de Beckyngham, chancellor of York Cathedral, appointed a John of York, BA, to the mastership of the grammar school, and the dates would fit.[15]

Another clue is tantalizing. In C (fol. 14r) the poem is headed, in a 16th/17th-century hand, 'Johannes Stafford huius lib. Author'; T similarly has 'Iohannis Staffordi.' Both are Cotton manuscripts, and the notes were probably written by a librarian.[16] Leland, followed by Bale, mentions a 'Johannes Stafford, Franciscanus,' a student of history who wrote a chronicle 'lucido ordine'; Leland cites Ross as his source, but Ross's *Historia regum* does not mention John Stafford and has nothing in common with the *Harley Epitome* or the *Metrical History.* There was a Cambridge graduate of this name in 1327–9, but we know no more of him.[17] There are many leads but none conclusive; someone called John was certainly involved, but who he was and what he did remains a mystery.

15 See J.A.H. Moran, *The Growth of English Schooling 1340–1548: Learning, Literacy, and Laicization in Pre-Reformation York* (Princeton 1985) p. 71. Moran has carefully explored all the evidence for teachers in medieval York.
16 It is not in Leland's hand, and Colin Tite of the British Library (private communication) says that it is not that of Cotton's librarian Richard James nor of Lord James Howard, to whom Cotton lent the MS. The authorship note is not in James's contents list, 'as it might have been if he (Cotton) had agreed with it or had provided it.'
17 John Leland, *Commentarii de scriptoribus Britannicis*, ed. A. Hall (Oxford 1709) p. 408; John Ross's *Historia regum Angliae* is in *Chronica Angliae*, ed. T. Hearne (Oxford 1716, 2nd ed. 1745). Two other Johns can be dismissed. The chronicle of 'Johannes Historicus' (creation to 1347 AD) is nothing like the *Harley Epitome* or the other texts; see *Johannis Historiographi chronicon*, in *Reliquiae manuscriptorum omnis aevi ac monumentorum ineditorum adhuc*, ed. J.P. de Ludewig (Halle 1741) pp. 82–165. John of Allhallowgate, Ripon, wrote a history of the archbishops of York from Paulinus to Wilfrid the Younger; despite Raine's conjecture, however, there is nothing to suggest that he wrote the poems on York, 'Hic Eboracensis' or the rhythmical 'Benedicam Domino,' or indeed any poems at all; see J. Raine, *Historians of the Church of York and its Archbishops*, 3 vols, RS 71 (London 1879–94) II, xxix-xxx, 446–63, 469–87. For the Cambridge graduate, see A.B. Emden, *Biographical Register of the University of Cambridge to 1500* (Cambridge 1963) p. 548.

Manuscripts[18]

The *Harley Epitome*, in the version nearest to the ultimate source (referred to as Ur-HE) of the *Metrical History*, is preserved uniquely in BL Harley 3860 (HE). A sister-version was used by Walter of Coventry (see above, p. 1 and n. 3), and occasionally it is necessary to refer to the *WC* prologue to restore the Ur-HE (see below, pp. 71, 72: HE corresponding to *C*/ 555–64 and 569–78).

The poem is preserved in five manuscripts, of which four have a commentary and two the continuation and commentary:

C   London, British Library, Cotton Claudius D. vii (s. xiv), a 20-leaf booklet (contents described below, pp. 9–10); contains the *Metrical History* to 1272 and commentary (Cc); this is the basis of the present edition.

T   BL Cotton Titus A. xix (s. xv, last decade; Glastonbury, Kirkstall, York); contains the *Metrical History*, with supplements, to 1272.

D   Oxford, Bodleian Library, Digby 186 (s. xvi, York); contains the *Metrical History* to 1272, with commentary (Dc).

H[1]   BL Harley 1808 (s. xv, York); contains the *Metrical History* to 1399, with commentary (Hc).

H[2]   BL Harley 2386 (s. xvi, Norwich), almost certainly copied directly from H[1]; contains the *Metrical History* to 1399, with commentary. H[1]H[2] = H.

The choice of C as the basis for this edition is easily justified, since it presents a text closest to HE; both T and H have independently 'corrected' the poem by going back to the source of the epitome (e.g. supplying names from Geoffrey of Monmouth that are omitted by HE, correcting the erroneous HE list of the sons of Athelwulf, etc.). Ironically, those manuscripts that are closest to historical truth (or such truth as Geoffrey presents) are poor witnesses to the poem, whose authenticity is guaranteed by proximity to HE. D, though frequently corrupt, has a text close to C, but it was corrected (marginally and interlinearly) with reference to T; for the period after the Norman

---

18 For physical descriptions of the MSS used in the present edition, see below, pp. 18–20.

Conquest D goes its own way in what becomes effectively a chronicle with embedded verses, not only from the *Metrical History* but from other sources (including Henry of Huntingdon); many of these extra poems (and others) are incorporated by T into the body of the poem.

If, as suggested, the purpose of the poem and its commentary was educational, and if the John of York whose name is on fol. 5r was the owner of C and was the schoolmaster appointed in 1368, then the contents of C fols 5–24, clearly once an independent booklet, may be of interest as the collection of someone interested in a curriculum of historical texts for students:

5ra–7rb	extracts from Henry of Huntingdon;
7rb–7vb	history of England from Adelstan I to Henry III, *inc.* 'Sciendum quod...';
7vb–8ra	extracts from Ralph Niger on kings of England from Ine to Richard I, with further notes up to Edward III;
8ra–8rb	kings of Scotland from Kynet to Edward Balliol;
8rb	metrical support for the form *Malcolinus* (Malcolm);
8v–9r	writers from Trogus (MS *Turgus*) Pompeius to Ralph Niger;
9r–9v	synods and councils from Nicaea to 1163;
9v–10r	popes and schismatics to 1159;
10r	Norman counts from Rollo to William the Conqueror;
10v	genealogies of counts of Brittany and of the Quency family;
11ra–15va	*Historia Britonum abbreviata* (see above, p. 2, and below, p. 15);
16r–22r	*Metrical History* and commentary (edited below, pp. 25–79);
22va–23vb	*De statu quintuplici,* containing: (a) recapitulations of British history to the loss of dominion by the Britons; (b) summary of the heptarchy with brief (unparalleled) lists of kings; (c) extracts from Henry of Huntingdon (Germanic tribes, languages of Britain, geography, marvels, roads, Ireland);
24r–v	blank.

From here the student would learn, in easily digestible and memorable form, the history of Britain from Brutus to Henry III, the geography of England (and Ireland), European writers, councils, popes, and schisms, and kings of England and Scotland and counts of Normandy. The student would also have to face a discrepancy among sources, since some (Henry of Huntingdon, Ralph Niger) describe the Anglo-Saxon heptarchy, and others (the *Metrical History* and 'Sciendum quod') prefer the simple regnal transition from British to West-Saxon kings.

Sources

The source of the poem to 1272 was the *Harley Epitome*, printed below. HE closely resembles the prologue to Walter of Coventry's chronicle (*WC*), but the latter omits substantial sections and the poem is almost always closer to HE (e.g. on Athelwulf's sons, C/421–30). Nevertheless, the poet was following a fuller and better text (which I call Ur-HE) than that preserved in HE: see C/11–18, 35–40, 142, 209, 234, 261–8, 324. In the section from the end of the reign of William I to the middle of that of Stephen (between C/526 and 579) the text of HE is seriously flawed: it is likely that Ur-HE had a gap here, which the poet and the scribes of HE and *WC* attempted to fill in various ways. (See the chart accompanying the Index of Sources, pp. 108–9.)

Up to the death of Cadwaladr, the source of both HE and the commentary Cc was the Vulgate version of Geoffrey of Monmouth (*GM*); there is no sign that anyone tried to go behind *GM* to Roman historians or even to Bede. From Adelstan I to Henry III (C/405–646) the sources of both HE and Cc are harder to pin down. All the episodes can be found in one or another historian, often more than one: Henry of Huntingdon's *Historia Angliae* (HH), William of Malmesbury's *Gesta regum* (*WM*), Roger of Hoveden (*RHC*), John (olim Florence) of Worcester (*JW*), Simeon of Durham's *Historia regum* (*SD*), and the later *Flores historiarum* (*Flor*) and *Eulogium historiarum* (*Eul*). The principle of Ockham's razor suggests that the source was the chronicle that contained most of the episodes; this turns out to

be John of Bromton's chronicle (*JB*), and I have given this promi-
nence in the Index of Sources. Also, *JB* is the only chronicle
that, like HE and the poem, has Ethelbert (see C/411–15) where
all other chronicles and traditional history have Egbert. On the
other hand, there are places where other sources are closer than
JB: see the Index at C/471–85 (Cc), 486–98 (HE), 531–8
(poem), 553–4 (Cc). It is therefore likely that the authors of HE
and the commentary were at times eclectic in their reading.

For the *Metrical History* continuation 1272–1399, the source
that contains more elements than any other is the *Historia
Angliae* of Thomas of Walsingham (*TW*). Here also, however,
there are cases where other sources are sometimes closer: the
Lanercost Chronicle (*Lan*), Henry Knighton (*HK*), Higden's
Polychronicon (*RHP*), and the *Eulogium* (*Eul*). In the account
of the reign of Richard II, closer to the author's own time, there
are some details that are in no source that I have seen.

Brutus

Two details of more ancient origin deserve brief attention, the
Trojan origin of the British people, and the first Saxon king of
England. Roman historians and poets (Livy, Dionysius of Hali-
carnassus, Virgil, Ovid, etc.) tried to reconcile ancient lists of
Italian kings with the legend of a descent from Aeneas of Troy;
their versions remained available in the Middle Ages. Between
the fourth and eleventh centuries (through Eutropius, Jerome,
Paul the Deacon, and Landolfus Sagax) a genealogy, based on
that of Dionysius, came to be widely accepted:

Aeneas = (1) Creusa   = (2) Lavinia, daughter of Latinus
    | |
  Ascanius Julus   Silvius Postumus
     | |
    Julus   the Silvian line

In the *Historia Britonum* (early ninth century),[19] a new element
was added: Silvius was given a son Britto or Brutus. In the

19 E. Faral, *La Légende arthurienne,* vol. III: *Documents* (Paris 1929) p. 8
(Chartres MS: *Brutus*), p. 9 (Harley MS: *Britto*).

twelfth century, Geoffrey of Monmouth (the Vulgate Version) switched Silvius and Brutus over to the Trojan line, but (in order to account for the later Silvii) left Silvius Eneas in place:

```
Eneas = (1) Creusa        = (2) Lavinia
         |                     |
      Ascanius        Silvius Eneas, Enee filius
         |
      Silvius
         |
      Brutus
```

The author of the *Harley Epitome* was not interested in the Silvian line, and simply made Lavinia mother of Ascanius (HE 6–7, C/11–18). (For the error shared by HE and *WC,* and the poet's consequent error, see footnote to C/11–18, pp. 25–6.) The *GM* Variant Version introduces several other twists.[20]

Adelstan I

In reality, the colonization of Britain by Germanic peoples— Angles, Saxons, Jutes, and Frisians—was a piecemeal affair that resulted in an assembly of local kingdoms. Initially there were seven (the 'heptarchy'): Kent, Essex, East Anglia, Wessex, Mercia, Northumbria, and Sussex. These gradually absorbed each other until, in the tenth century, Athelstan, king of Wessex, finally united all the kingdoms into one 'England.' This sequence is fairly faithfully recorded by the major histori- ans, such as Henry of Huntingdon, but it was much too com- plicated for the author of the *Harley Epitome,* who was com- mitted to a single regnal line—a direct continuity from Cadwaladr, last king of the Britons, to the English royal suc- cession. To achieve this, the author of HE records the death of Cadwaladr and the futile resistance of Yvor and Yni, and then jumps straight to the royal line of Wessex. In 'real' history, the first known king of Wessex was Egbert, whose father is not

20 See *The Historia regum Britannie of Geoffrey of Monmouth, II: The First Variant Version. A Critical Edition,* ed. N. Wright (Cambridge 1988) pp. xliv–xlv, xcix–ci.

known; his son was Athelwulf. Between Cadwaladr and Athelwulf, however, HE interposes Adelstan and Ethelbert, father of
Athelwulf. The substitution of Ethelbert for Egbert is otherwise
found only in John of Bromton, who gives Ethelbert's father as
Aylmund. The sequence Cadwaladr–Adelstan is implied in
Geoffrey of Monmouth (§§206–7); Leckie interprets this as a
glance forward to the tenth century,[21] pointing out that the
Variant Version actually shifted the narrative order to give the
impression that Adelstan directly succeeded Cadwaladr. It is
possible that HE's author, attempting to link the British and
West-Saxon lines, utilized Geoffrey of Monmouth's Adelstan
and Bromton's Ethelbert, thus linking Adelstan–Edelbert–
Athelwulf. This new linkage may have been reinforced by
other suggestions: the last king of Kent was an Adelstan, who
handed the rule over to Egbert (in fact, his father); the founding charter of St Leonard's Hospital in York brings Egbert forward a century (but as the real Athelstan's father).[22]

21 R.W. Leckie, *The Passage of Dominion: Geoffrey of Monmouth and the
Periodization of Insular History in the Twelfth Century* (Toronto 1981) pp.
107–9.
22 W. Dugdale, *Monasticon Anglicanum*, ed. J. Caley et al., 6 vols in 8
(London 1817–30) VII, 608–9: 'Memorandum quod anno Domini DCCCC
Egbertus rex totius Britanniae in parliamento apud Wintoniam mutavit
nomen regni, de concensu populi sui, et jussit illud de caetero vocari
Angliam. Post quem Egbertum, anno DCCCCXXIIIII Ethelstanus post
Edwardum seniorem patrem suum in regem apud Kingeston in Suthereya
coronatus....,' giving the impression at first glance that Athelstan succeeded Egbert. The charter reports that in 924 Athelstan, en route to Scotland,
stopped at York and asked the servants of the church ('adtunc dicti
Colidei') to pray for his safe return. On his return, 'videns in dicta ecclesia
Eboraci viros sanctae vitae et conversationis honestae, dictos adtunc Coli-
deos, qui multos sustentabant pauperes et modicum habebant unde viver-
ent, concessit Deo et beato Petro et Colideis praedictis et eorum succes-
soribus imperpetuum, ut melius possent sustinere pauperes confluentes,
hospitalitatem tenere, et exercere alia opera pietatis, de qualibet caruca
arante in episcopatu Eboraci unam travam bladi anno Domini DCCCC-
XXXVI, quae usque in praesentem diem dicitur Petercorne.'

Commentary

The poem is accompanied in the margin by notes on details of
the text. Some are brief section headings (e.g. to C/5–6 'Commendacio Britannie siue Anglie'); others expand on the poem
or supply gaps in the narrative. Many are keyed directly to the
text (e.g. to C/26 'Hec insula…,' 87 'Iste Leir…'). Besides the
version edited here (Cc), there are two other versions of the
commentary, Dc (in D) and Hc (in H[1] and H[2]). The commentaries are textually related: all three, or two in various combi-
nations, share readings not in Geoffrey of Monmouth or other
sources. On the other hand, each one is very individual: they
adjust their notes to fit their text of the poem (for example, in
the spelling of proper names); where H has 'corrected' the
poem to match *GM,* Hc follows suit. Each varies in expression
and sometimes incorporates unique information (such as Cc's
note to C/151–9 that Argabus was buried in the church of St
Alban). Variation between them in the amount of information
may be a factor of the space available: the scribes of C and D
left space only in the margins, and Cc and Dc are very cramped,
occasionally spilling round the edge of the page, whereas in H[1]
and H[2] the commentary is made to span the width of the page.
   At one point in Cc notes are in the wrong order and sometimes corrupt (see Textual Notes below [p. 98], discussing the
Cc notes printed on pp. 43–5 and referring [variously] to C/
247–81), apparently from pressures of space. Much the same
has happened frequently in D. It seems likely that the original
commentary was not a consecutive text but a mixture of things:
a text of the poem with brief marginal headings and notes,
together with separate notes on loose sheets or scraps of parchment or paper, perhaps with an accompanying text of Geoffrey
of Monmouth—a kind of master file, or 'Supercommentary,'
from which each scribe could draw what he needed. I suspect
that much of the material for the commentary was assembled
by the author of the poem, though at C/421–30 the second and
third notes correct the first (which matches the poem). It is also
likely that the author of the *Metrical History* continuation in H
wrote the accompanying commentary Hc for it: the notes com-

plement the poem rather than clarify it. As mentioned above, the commentaries maintain the northern interests of the poem.

A mini-chronicle, from Brutus to the death of Cadwaladr, the *Historia Britonum abbreviata,* is preserved in C (fols 11ra–15va); textually it resembles the commentaries CcDcHc more than it does Geoffrey of Monmouth, and it quotes the poem. Its text of the poem closely resembles C, but could not have used this copy of the poem, as it precedes it in the manuscript. Its prose, however, is closer to Hc.

Vocabulary[23]

The lexicon is typical of late Anglo-Latin. Common ecclesiastical words include: *episcopus* 'bishop,' *episcopatus* 'bishopric,' *pontifex* 'bishop,' *archipresul* 'archbishop,' *decima* 'tithes.' Classical words are extended into specialized senses: *conquiro* 'conquer,' *comes* 'count, earl,' *comitatus* 'county, earldom,' *dux* 'duke,' *ducatus* 'duchy,' *ducissa* 'duchess,' *homo* '(king's) man,' *homagium* 'homage,' *hominium* 'homage,' *consul* 'earl,' *consulatus* 'earldom,' *vicus* 'street.' Vernacular words are Latinized: *parliamentum* 'parliament,' *ligius* 'liege,' *baro* 'baron,' *duellum* 'duel,' *hyda* 'hide (of land),' *thelo* 'tax,' *quadrillum* 'quarrel (of a bow).'

Morphology and Syntax[24]

For the most part the morphology (allowing for Medieval Latin spelling) is that of Classical Latin, but *fugio* sometimes behaves like a fourth conjugation verb (H/186, Hc to H/235–44 [see footnote on H/242]).

The prose of HE, Cc, and Hc is informal and close to Middle English. It is often ungrammatical by classical standards, but it

---

23 For an overview of the Medieval Latin lexicon, see the essays by R. Sharpe in *Medieval Latin: An Introduction and Bibliographical Guide,* ed. F.A.C. Mantello and A.G. Rigg (Washington, DC 1996) pp. 93–105, 315–41.

24 For a general account of Medieval Latin morphology and syntax, see Mantello-Rigg, pp. 83–92.

is not, like some court records, merely a Latinization of the vernacular. Cc is often telegraphic.

(a) Uneven concord: HE D30–1 *gens...persistebant;* Cc to C/ 19–20 (below, p. 26) *progeniem...que...tenebantur; quos...;* Cc to C/247–59 (p. 43) *qui appulsus...adinuicem...commiserunt;* Cc to C/259–60 (p. 44) *imperatores* (accusative) *...Gracianus vel Valencianus;* Cc to C/389–404 (p. 55) repeated subject *Cadwaladrus.*

(b) Non-classical use of cases: *in* + ablative 'into.' Cc to C/ 102–3 (p. 32) *in carcere missa.* The nominative pendens is common: HE/135–7 loose; Cc to C/247–59 (p. 43) *Constantinus...pergens..., Octauius...proconsules...interfecit;* functioning as accusatives: Cc to C/269–72 (as object of verb, p. 45) *Ipse...nolens...expulerunt;* Cc to C/373–8 (referring to pronoun, p. 53) *Ille vero nescius...occupauit eum tantus dolor.* The poem uses the dative of direction: C/19 *Grecis fugiens* 'fleeing to the Greeks.' *Per* often means 'by': Cc to C/87–101 (p. 31) *a Cordilla...per maritum...restitutus.* Note also Hc to H/203 (p. 89) etc. *creare aliquem in* + accusative.

(c) *tamen* is sometimes a conjunction, as at Cc to C/183–4 (p. 37; cf English *though,* which may be either).

(d) The noun in an ablative absolute is often the subject of the verb: Cc to C/178–82 (p. 37) *defuncto Cassibellano... sepelitur;* Cc to C/333 (p. 49) *A⟨u⟩diente hoc Pascencio... misit;* Cc to C/359–64 (p. 52) *Arthuro letaliter vulnerato, Constantino...concessit;* Cc to C/411–14 (p. 57) *quo reuerso vicit;* Cc to C/421–30 (p. 58) *Defuncto Adelwlfo sepultus est;* Cc to C/445–56 (p. 60) *quo...peragente audiuit.*

(e) Verb tenses are often loose: HE/139 *describebatur* (for perfect); HE/128–34 perfects and presents side by side; HE/243 *Ceperunt...ducebant.* Moods and tenses in indirect clauses are sometimes non-classical: HE/234–5 *mittuntur ...ut...inuenirent;* HE/241–2 *nesciebatur quis eum genuerat.*

(f) Some sentences lack verbs: HE/187–8 *Post quem Carrons* (sc. *regnauit*); HE/459–60 *Stephanus* (sc. *regnauit*); Cc to C/367–9 (p. 53) *Iste Carecius* (sc. *fuit*); Cc to C/635–40 (p. 78) is in note form.

(g) Many sentences are loosely constructed: HE/143–5 *quidam miles...cum vidisset..., et accedens...occidit regem;* HE/327–8 *antequam tempus illud venisset quod Merlinus Arthuro prophetauerat se...insulam...adepturum;* HE/427–8 *iurauit se accepturum sororem...et pacem firmiter stabilire;* HE A09–10 *timentes ne domus que prope castella erant quod fossas adimplerent;* Cc to C/26 (p. 26) *que... continens.*

Verse: Style and Metre[25]

The tight compression (perhaps intended for mnemonic purposes), combined with metrical constraints, often results in obscurity, usually because of a distorted word order: C/96 *Si tua pensetur, valeat substancia quantum = si pensetur quantum tua substancia valeat* (see also C/214, 301–2, 304, 386, 503–4, 567, 604). Compression also accounts for asyndeton (C/103, 132, 231, 521) and some participial uses: C/20 *post prelia victa,* C/356 *Modredum sequitur Arthurus morte cadentem* (proleptically, 'so that he fell in death'). As commonly in poetry of the period, enclitic *que* is often used simply for *et.* There is little room for rhetoric (tmesis at C/46 *Albaque-nactum* is for the metre), but note C/58 *precepit precipitari,* C/239–40 *Constancius...constans.*

The main poem is in end-rhymed hexameters (*caudati*), with regular Leonines at C/91–2 (and added at C/186). The continuation is in unrhymed elegiac couplets, a metre that had recently come back into favour in England, perhaps influenced by John Gower. As often in Medieval Latin, a short syllable at the caesura can be treated as long; and final *-o* is shortened very frequently, sometimes unexpectedly: C/106 *quŏ.* Classical rules of quantity are generally observed, except that *sc,* being pronounced /s/, does not make position (C/120, 481),[26] and a

25 For style and metre in fourteenth-century Anglo-Latin verse, see Rigg, 'Anglo-Latin,' and *History,* Appendix, pp. 313–29 (both cited above, n. 6).
26 Classical poets avoided placing initial *sc* after a vowel, so it is impossible to know if it would have made position or not, but medially it is usually

double consonant may be a spelling indicating a preceding short vowel (C/185 *Kÿbĕllīnus*). Medieval poets, however, lacking modern dictionaries, were often unaware of the 'natural' length of a vowel: C/106 *vīcĕsīmi;* C/159, 225 *dēcem;* C/324 *dūō drăcŏnes;* C/408 *Cānŏnīcis;* C/528 *Rūfus.* By any standards, however, C/99 *fĕcĕrant* is odd. There is great freedom in the scansion of proper names, which may be inflected or uninflected (C/466 *Canutus,* C/468 etc. *Knut*). In many names the poet goes against classical practice: *Scŏcīa, Brītannia, Thāmĭsīa, Jŭlius, Aurēlĭus, Ambrōsĭus.* With medieval names he had a free hand; he is usually consistent, but has C/608 *Jŏhannes,* C/633 *Jŏhannis,* C/617 and 629 *Jōhannes;* C/365 *Cōnānus,* C/256 *Cŏnāno;* C/175 *Thēnancius,* C/183 *Tĕnancius.* His treatment of the *athel-, ethel-* ('noble') prefix is notably variable: see C/405, 411, 416, 423, 424, 440, 449, 459. Total failure of the caesura (C/172, 237, 461, 465, 466, 517, 608, 617, 629) always involves proper names, as do most examples of the weak caesura.

Description of Manuscripts Used in This Edition

HE: London, British Library, MS. Harley 3860 is a parchment manuscript of the early fourteenth century, comprising 82 folios measuring 270 x 150 mm, with a writing area of 190 x 120 mm. The *Harley Epitome* is on fols 3r–11v, in a section (fols 3–18) on English and Scottish history, with genealogies; on the remainder of the contents, see H.D.L. Ward and J.A. Herbert, *Catalogue of Romances in the Department of Manuscripts in the British Museum,* 3 vols (London 1883–1910, repr. 1962) II, 199–206 and III, 296–7. The text is written in Anglicana bookhand, in two columns per page, thirty-six lines per column. The rubric chapter headings, not reproduced here (as many are illegible), often correspond to the marginal headings in Cc. Fol. 3r is headed by a picture of Locrinus (crowned),

preceded by a long vowel: see W.S. Allen, *Vox Latina: The Pronunciation of Classical Latin* (Cambridge 1965) p. 68.

Kambrinus, and Albanactus, the kings of Loegria, Cambria, and Albania (England, Wales, and Scotland). The text begins with an elaborate blue and red *B*.

C and Cc: London, British Library, MS. Cotton Claudius D. vii is a twenty-leaf booklet in parchment, dating to the fourteenth century (after 1363), with folios (numbered 5–24) measuring 330 x 210 mm, written in Anglicana bookhand. On the contents of the booklet, see above, pp. 9–10; the rest of the manuscript in its present binding contains a version of the *Lanercost Chronicle*. The poem (*Metrical History*) is on fols 16r–22r, written in a single column per page, fifty-one lines per column, over a writing area of 253 x 150 mm. Initial letters of the lines are touched with colour; some initials are larger, in blue; some have been left out, sometimes with the cue letter visible in the blank space. The marginal commentary (Cc) is on the left side on fols 16r–18v, on both sides on fols 19r–20v, and on the right side on fols 21r–22r; it is also on the lower edge on fols 18r–19v, where the material is dense. In the commentary paragraph marks are in blue, and some initials are not complete. The commentary is written in red on fols 16r–18r, in black underlined in red on fols 18v–19v and 20v–22r (plus one note on 17v), and in black alone on fol. 20r (and where the extra verses are written on fol. 17v).

H¹ and Hc: London, British Library, MS. Harley 1808 is a parchment manuscript of the mid fifteenth century, comprising 105 folios measuring 240 x 162 mm, with a writing area of 180 x 130 mm. Its provenance is York (from the contents, which nearly all concern York and the cathedral), and there are several hands. The poem is on fols 31r–44r, in a secretary hand, written in a single column on the left-hand side of each folio, forty-four lines per column. The commentary (Hc) is written in red on the right-hand side of each folio, but often extends across the page, boxing in the verse; in the later parts the commentary comes to dominate the page. The initial *T* at line 203, like others in the manuscript but not in this poem, is highly decorated; gaps have been left for many initials, with cue-letters.

The manuscript contains some fine pictures: on fol. 9v, a map
of England; fol. 30v (opposite the start of the poem), the arrival
of Brutus in England, the slaying of the giants, and the building of (possibly) London; fol 45v (opposite texts on the founding of York), a large picture of York with archbishops and a
king. Large parts of Harley 1808 (H[1]) were copied into Harley
2386 (s.xv, Norwich, Austin friars, designated as H[2]); I have
used this occasionally where H[1] is impossible to read.

Editorial Practices

The text of the *Metrical History* in C is, as argued above, the
closest to the prose original, but it occasionally deviates from
its source (represented by HE). It would have been possible,
using T, D, and H, to reconstruct a text even closer to HE. The
principles of this series, however, require fidelity to a single
manuscript, and I have therefore kept close to the C text, elim-
inating only clear *lapsus calami* (omissions and miswritings).
The C text may be authentic, since the only presently known
copy of HE, Harley 3860, is not the one that the poet used, and
C may represent Ur-HE (including its spelling of names) accu-
rately. I have occasionally had to emend the commentary Cc:
its syntax is loose, but some readings can only be the result of
inattention, and the scribe's punctuation often shows that he
was paying little attention to the sense. For the *Metrical History* continuation and its commentary I have followed the text
of H[1], correcting from its copy H[2] only where H[1] is illegible.

   In the edition of the *Harley Epitome* I have not always
adhered to the principles of the TMLT series. Since the purpose
of printing it was to give the source of the poem, I have emended it not only where a minor scribal error was involved but also
where the sister-version in Walter of Coventry (*WC*) provides a
text closer to the poem and presumably to Ur-HE. (For com-
pleteness I have printed the whole of HE even where the poet
did not use it, as in Interpolations A to D.)

   The orthography of the manuscripts has been preserved (e.g.
w = *vu, wu; noscet* = *nosset*). Medial and final *u* is invariable,
but the scribe uses both *u* and *v* initially, so in initial position

I use *v* (*V*) consonantal and *u* (*U*) vocalic. For initial capitals, I use *I* or *J* according to modern vernacular practice. Punctuation is editorial. In the poem, C has left gaps for decorated initials, usually but not always with a visible cue-letter; I have supplied the correct initial without comment. Place names are often written as in English but with a suspension mark; in the poem I have left them alone or expanded them according to the metre; in the prose I have given them the appropriate ending. Words or letters in angled brackets ⟨ ⟩ are supplied, those in square brackets [ ] are to be deleted; emendations are recorded in the Textual Notes. Simple Roman numerals have been expanded; larger and compound ones are left as numerals.

Typography

In this edition the texts of HE, C, and Cc have been laid out so that the related sections of the *Harley Epitome,* the *Metrical History,* and the commentary all appear—as much as possible —on the same page or a facing page, so as to give the reader an opportunity to compare the poem with both the prose version and the commentary. The texts of H and Hc have been laid out the same way.

Because it has not been feasible to provide separate line numbers for the commentaries, footnote references to Cc and Hc consist of the first two or three words of each note and are keyed to the lines of the poem; boldface is employed in the commentaries themselves to signal words on which textual notes are provided, and the Textual Notes for Cc and Hc carry page references as well as the initial words of the notes and the related C and H line numbers.

The *Harley Epitome* has been given its own lineation (though each paragraph is also keyed to the related lines of the poem), and this lineation is used in both the explanatory footnotes and the Textual Notes.

BIBLIOGRAPHY

Primary Texts (with abbreviations used in this edition)

Brut *The Brut, or the Chronicles of England.* Ed. F.W.D. Brie. 2 vols. EETS 131, 136 (London 1906–8)

Eul *Eulogium historiarum sive temporis.* Ed. F.S. Haydon. 3 vols. RS 9 (London 1858–63)

Flor *Flores historiarum.* Ed. H.R. Luard. 3 vols. RS 95 (London 1890)

FW Florence of Worcester. *Chronicon ex chronicis,* ed. B. Thorpe, 2 vols (London 1848–9)

GM *The Historia regum Britannie of Geoffrey of Monmouth,* vol. I: *Bern, Burgerbibliothek, MS. 568.* Ed. N. Wright (Cambridge 1984). I refer also to vol. II: *The First Variant Version: A Critical Edition,* ed. Wright (Cambridge 1988).

HE *Harley Epitome.* Edited here, pp 1–54; I refer to the lost text that lies behind HE as the Ur-HE.

HH Henry, archdeacon of Huntingdon. *Historia Anglorum.* Ed. and trans. Diana Greenway (Oxford 1996)

HK Henry Knighton. [*Chronica de eventibus Angliae a tempore regis Edgari usque ad mortem regis Ricardi Secundi*] *Knighton's Chronicle 1337–1396.* Ed. and trans. G.H. Martin (Oxford 1995)

JB John of Bromton. *Chronicon Johannis Bromton abbatis Jornalensis.* In *Historiae Anglicanae scriptores decem,* ed. R. Twysden (London 1652) cols 725–1284

JW *The Chronicle of John of Worcester,* vol. II: *The Annals from 450 to 1066.* Ed. R.R. Darlington and P. McGurk, trans. J. Bray and P. McGurk (Oxford 1995). For material after 1066 I have had to use Florence of Worcester (see *FW* above), although it omits sections.

Lan *Chronicon de Lanercost 1201–1346.* Ed. J. Stevenson. Bannatyne Club (Edinburgh 1839)

RHC Roger of Hoveden. *Chronica Rogeri de Houedene.* Ed. W.W. Stubbs. 4 vols. RS 51 (London 1868–71)

RHP *Polychronicon Randulphi Higden monachi Cestrensis.* Ed. B. Babington and J.R. Lumby. 9 vols. RS 41 (London 1865–86)

RS Rolls Series (Rerum Britannicarum medii aevi scriptores)
SD Symeon of Durham. *Symeonis monachi opera omnia.* Ed.
    T. Arnold. 2 vols. RS 75 (London 1882–5)
TW Thomas Walsingham. *Historia Anglicana 1272–1422.*
    Ed. H.T. Riley. 2 vols. RS 28 (London 1863–4)
WC Walter of Coventry. *Memoriale fratris Walteri de Coven-
    tria.* Ed. W. Stubbs. 2 vols. RS 58 (London 1872–3) esp.
    I, 3–18
WM William of Malmesbury. *Gesta regum Anglorum. The
    History of the English Kings,* vol. I. Ed. and trans. R.A.B.
    Mynors, completed by R.M. Thomson and M. Winter-
    bottom (Oxford 1998) [references by paragraph number]

Selected Secondary Literature

Dobson, Barrie. 'Contrasting Chronicles: Historical Writing at
    York and Durham in the Later Middle Ages.' In *Church
    and Chronicle in the Middle Ages: Essays Presented to John
    Taylor,* ed. Ian Wood and G.A. Loud (London 1991) pp
    201–18
———. 'The Later Middle Ages, 1215–1500.' In *A History
    of York Minster,* ed. G.E. Aylmer and R. Cant (Oxford 1979)
    pp 44–109
Gransden, Antonia. *Historical Writing in England ca
    550–1307* (London 1974)
———. *Historical Writing in England, 1307 to Early Six-
    teenth Century* (London 1982)
Keeler, Laura. *Geoffrey of Monmouth and the Late Latin
    Chroniclers 1300–1500* (Berkeley and Los Angeles 1946)
Kingsford, Charles L. *English Historical Literature in the
    Fifteenth Century* (Oxford 1913)
Moran, JoAnn Hoeppner. *The Growth of English Schooling
    1340–1548: Learning, Literacy, and Laicization in Pre-
    Reformation York Diocese* (Princeton 1985)
Taylor, John. *Medieval Historical Writing in Yorkshire* (York
    1961)
———. *English Historical Literature in the Fourteenth
    Century* (Oxford 1987)

Metrical History of the Kings of England:
Brutus – Henry III (C)

Claudius Commentary (Cc)

London, British Library, MS. Cotton Claudius D. vii,
fols 16r–22r

Harley Epitome (HE)

London, British Library, MS. Harley 3860,
fols 3ra–11vb

16r Anglorum regum cum gestis nomina scire
      Qui cupit, hos versus legat et poterit reperire;
      Omnia sub breuibus nequeo quia texere plene,
      Hinc que sufficiunt opus hoc tenet, ut puto, pene.

   5 Pre regnis aliis Britannia fertilitate   Commendacio Britannie
      Pollet, diuiciis et milicie probitate,   siue Anglie.
      Per medium cuius manant tria flumina grata,
      Humbria, Thamisia, mare Sabrinum vocitata,
      Gallia quam mediam vallant et Hybernia terre:
  10 Hinc inter geminas est Anglia proxima guerre.

      Eneas fugiens, Troye post bella fugatus,   De Enea fugiente in Yta-
      Venit in Ytaliam, cui Siluius est ibi natus,   liam post bella Troie.
      Qui regis natam sibi coniugio sociauit,
      Aschanium dictum de qua natum generauit.
  15 Hic Brutum genuit, armis, virtute potentem,   De Bruto cuius pater erat
      Qui quamuis nolens occidit utrumque parentem.   Siluius filius Askanii filii
                                                        Enee Troiani.

(3ra) (C/5–9) Britannia insularum optima inter Galliam et Hyberniam sita, octin-
        ginta miliaria in longum et ducenta in latum continens, quicquid mortalium
        usui congruit indeficiente fertilitate administrat, ubi tria nobilia sunt flumina,
        Humbria, Thamisia, et Mare Sabrinum.
    5   (C/11–18) Eneas post Troianum bellum fugiens in Ytaliam filiam unicam
        Lauianam regis Romanorum Latini nomine duxit, a qua filium nomine Ascha-
3rb   nium generauit, a quo Brutus qui matrem partu/riendo interfecit, patrem vero
        venando a casu telo perimit, ob quam causam ipse eiectus est a regno.

C/6   *probitate:* 'prowess'
C/10   The poet's contribution, probably alluding to the Hundred Years War and
          the Irish troubles.
C/11–18   HE, the poem, and Cc differ on genealogy. HE omits Silvius (restored clum-
          sily in *WC* to 'de qua filium Ascanium nomine generavit, Ascanius Silvium,
          Silvius Brutum, a quo Brutus qui…'); C restores Silvius, but in the wrong
          place; Cc (Aeneas-Ascanius-Silvius-Brutus) reflects *GM* (Vulgate) §6. The

In partu matrem, patrem venando necauit,

Pro tanto scelere quem ⟨patria⟩ tota fugauit.

Qui Grecis fugiens cum Troie plebe relicta

20 Grecorum regem vicit post prelia victa,

Et dedit uxorem Bruto rex federe natam,

Ut posset pacem sortiri postea gratam.

Litus ut arripuit Brutus remigando recedens,

In sompnis audit dicentem talia credens:

25 'Brute, sub occasu solis trans Gallia regna

    Insula occeano est, undique clausa mari.

Hanc pete, namque tuis sedes erit illa perhennis.

    Hec vero fiet altera Troia tuis,

Et de prole tua reges nascentur in ipsa:

30   Huic totus terre subditus orbis erit.'

Ibi inuenit progeniem Heleni filii Priami, que sub potestate ⟨**Pandrasii**⟩ regis in seruitute tenebantur, quos Brutus omnes liberauit.

scilicet, Inogen primogenitam

De visione quam Brutus in sompnis vidit.

Hec insula dicebatur tunc Albion, quam Brutus nomine suo vocaba[n]t Britanniam, que, dccc miliaria longa, cc in latitudine continens.

(C/19–22) Brutus igitur fugiens in Greciam collectis reliquiis ex Troia
10 post multa bella cepit regem Grecorum in prelio, unde ipsis de pace tractantibus accepit Brutus filiam regis in uxorem.

(C/23–30) Inde recedens et cum ducentis et viginti quatuor nauibus nauigans applicuit in quamdam insulam, ubi in sompnis audiuit hos versus:

    Brute, sub occasu solis trans Gallica regna [regna]

15   Insula occeano est undique clausa mari.

    Hanc pete, namque tibi sedes erit illa perhennis.

      Hec vero fiet altera Troia tuis,

    Et de prole tua reges nascentur in ipsa;

3va   Huic totus terre sub/ditus orbis erit.

poet has avoided the complexities in the lineage of Brutus, which involved conflicting information from different sources. See Introduction, pp. 11–12.

C/19   *Grecis:* dative of direction (cf. C/412 *Francigenis*).

C/19–20 *progeniem* in Cc 'Ibi inuenit...' is treated first as a feminine collective singular (*que*) and then as a masculine plural (*...tenebantur, quos...*).

C/23–30 HE (etc.) omits Diana and abbreviates the episode (*GM* §§15–16).

C/25   *Gallia = Gallica* (also at C/126).

C/26   The syntax is uneven in Cc 'Hec insula....'

HE/15   Note the diaeresis *insula occeano* (*GM in occeano*).

Quatuor hinc reperit Troie de sanguine gentes,

Quorum dux Corineus erat, virtute potentes.

Hic dux Cornubie potuit superare gygantes,

Ut solet in luctis pueros prosternere stantes.

35 Cui Geomagor luctans tres costas rupit et iram

Illius ascendit, quam sensit postea diram.

Nam motus Geomagor humeris tollendo leuauit

Et cursu sceleri maris ad litus properauit;

Illisum scopulis dem⟨i⟩ttens iecit, et unda

40 Excepit ruptum mutata cruore profunda.

Admisit Brutum Britannia classe potentem,

Tempore quo per Heli regitur Judea videntem.

Insula quesita Bruto regi famulatur:

Quilibet ipse gygas terre iubet ut moriatur.

45 Tres natos genuit post regnum denique nactum:

Locrinum cum Kambrino, simul Albaque-nactum.

Right margin glosses:

Item de eodem Bruto.
Isti Corineo Brutus
dedit Cornubiam, quam
a Corineo dicimus
nominatam.

De Corineo et Gomagog
et eorum lucta.

Ante incarnacionem
Domini MCC Brutus cum
Innogene uxore sua, filia
Pandrasii regis Grecie,
applicuit in insula que
nunc Anglia dicitur et
omnes gygantes deleuit,
et insule nomen in regni
nomen commutauit et de
nomine suo Britanniam

---

20   (C/31–4) Iterum ergo nauigans Brutus inuenit quatuor generaciones ex
reliquiis Troie, quorum dux erat Corineus, qui postmodum fuit dux Cornubie,
qui cum gigantibus lusit ac si cum pueris contenderet.

    (C/41–50) Eo tempore quo Brutus intrauit in Angliam, prefuit in Judea
Hely sacerdos, et capta est archa Domini, anno scilicet M°CC°XX ante natiui-
25 tatem Christi. Conquesita igitur insula Britannie a nomine Bruti dicta, occisis
gigantibus, Brutus genuit ex Innogen uxore sua tres filios, quorum nomina
sunt Locrinus, Kambrinus, et Albanactus. Post mortem Bruti, qui regnauit

---

C/35–40 This story (*GM* §21) is not in HE or *WC* and must have been in Ur-HE.
C/35   *Geomagor:* scan *gēo-* (probably 'earth') as a monosyllable. Among the many
        spellings of his name, *Gogmagog* is from Ez 38:2.
C/36   *ascendit = accendit*
C/38   *sceleri = celeri*
C/42   *videntem:* before he went blind (1 Sm 3:2), the poet's addition. *MCC* in Cc
        'Ante incarnacionem…': the date 1200 BC (1220 in HE) is supported by Cc
        'De Kybelino…' at C/186 and the additional couplet there; it is not in *GM*.
C/46   *Albaque-nactum:* 'and Albanactus,' tmesis

Annis Brutus obit completis bis duodenis,
Insula diuiditur et natis robore plenis:
Locrinum terre medium capit ut seniorem, /
16v Wallia Kambrinum, Scocie regnum iuniorem.

Locrinus genuit Moddan de Wandoloena,
Post matrem regni cui cessit cura serena.
Estrildis causa fit Wandoloena relicta,
Nec fuit hec animo tanto pro crimine victa:
55 Ipsa sequendo virum, cupiens mala reddere zelo,
Hunc vite fecit percussum cedere telo.

vocauit, et ciuitatem Londonie edificauit et ibi genuit tres filios, ut patet in versibus infrascriptis. Brutus regnauit xxiiii[or] annis, cui successerunt tres filii, ut patet infra. Diuisio insule. Locrinus regnauit annis decem.

Mortuo Corineo Locrinus deseruit Wandoloenam et Estrildam in reginam duxit. Itaque Wandoloena indignans fecit Locrinum occidi. Perempto igitur illo illa regnum suscepit et Estrildam et filiam eius Habren

in fluuium precipitari iussit. Regnauit illa quindecim annis post interfeccionem Locrini, et cum vidisset Moddan filium suum etate adultum sceptro regni insigniuit illum.

Moddan regnauit quadraginta annis cum pace, Samuele iudicante Judeam tunc temporis.

---

viginti quatuor annis, diuisa est insula. Locrinus predictus habuit Loegriam tanquam senior et dominus, scilicet medietatem insule que modo dicitur
30 Anglia. Kambrinus habuit Kambriam, scilicet ultra Sabrinum, que nunc dicitur Wallia. Albanactus habuit Albaniam, que nunc dicitur Scocia.
   (C/51–60) Locrinus genuit Modan de filia Coriney, qui regnauit post eum et genuit duos filios, cuius mater, scilicet Wandoloena, que deserta erat a viro suo, scilicet Locrino, propter Estrildam filiam regis Hunorum concubinam
35 suam, indignabatur valde et adibat Cornubiam, et collecta secum multitudine commisit prelium cum Locrino iuxta fluuium Sturam, ubi Locrinus ictu sagitte
3vb vitam finiuit. Tunc Wandoloena reg/ni gubernaculum suscepit, et iussit Estrildam et filiam suam Hebren in fluuium precipitari que nunc Sabrina[m] dicitur, fecitque edictum per totam Britanniam ut flumen nomine puelle vocaretur.
40 Volebat enim nomen eternitatis illi inpendere, quia maritus suus illam generauit. Unde contigit quod usque in hunc diem appellatum est flumen Britannica lingua Habren, que per corrupcionem nominis alia[m] lingua[m] Sabrina vocatur.

C/51   On Cc 'Moddan regnauit…' see Textual Notes, below (p. 97).
C/52   *cui:* i.e. Moddan
C/56   *vite…cedere:* 'die' (also at C/529)
HE/33   *cuius* (emended from MS *quorum*): i.e. Modan

Wandoloena regens matrem natamque vocari
Fecit et in flumen precepit precipitari.
Illud flumen Habren populus clamare docetur,
60 Utraque quo premitur: preceptum rite tenetur.

Maulyn, Nempricius, Moddano sunt duo nati,
Maioremque minor prostrauit vulnere fati.
Nempricius genuit Eubraucum, qui retinendo
Plures construxit Eboracum septra gerendo,
65 Arte sua cuius muniuit menia ville,
Disponens infra muros habitacula mille.
Iste Puellarum Castrum fieri faciebat,
Cis mare Scottorum quia singula iure tenebat.
Natos viginti genuit trigintaque natas,
70 Misit in Ytaliam quas omnes corpore gratas.
Quas rex Siluinus maioribus associauit
Troie, quo facto pacis fedus renouauit.

Nempricius occidit fratrem suum; tyrannidem excercuit in populum et inter venandum a lupis deuoratus periit, nec mirum quia sodomita erat. Regnauit annis viginti, c et ix, Saul regnante in Judea.

Eubraucus primo post Brutum classem in Galliam deduxit et victor reuersus condidit Eboracum et Castellum Puellarum et quedam alia, et regnauit sexaginta annis, clxix. Genuit eciam viginti filios et triginta filias. Ipse autem in Anglia et Dauid propheta contemporanei fuerunt.

(C/61–6) Maddan filius Locrini ex Wandoloena regnauit quadraginta
annis, cuius filii fuerunt Maline et Nempricius. Nempricius autem predictus
45 occidit fratrem suum et regnauit viginti annis, et genuit filium nomine
Ebraucum, qui tam potens et nobilis erat quod condidit ciuitatem Eboracum,
et posuit in ea mille mansiones.

(C/67–8) Ipse autem fecit Castrum Puellarum in Albania, qui dicitur
Edenburg, et optinuit usque ad mare Scoticum.
50 (C/69–74) Genuit autem viginti filios et triginta filias, que omnes filie mari-
tate erant in Ytalia per regem nomine Siluinum, qui in Ytalia tunc regnauit et

---

C/62   *c et ix* in Cc 'Nempricius occidit...': i.e. 109 days. Cc is the only commentary
          that reckons regnal days, no doubt for verisimilitude.
C/63–4   *retinendo plures:* seems to be padding.
C/64   *Eboracum:* 'York'
C/67   *Puellarum Castrum:* 'Edinburgh'
C/68   *mare Scottorum:* the Firth of Forth, regarded by the Scottish historian Bower
          as the earliest boundary between England and Scotland.

Temporis eiusdem Dauid Eubraucusque fuerunt,
Eubraucique dies labor ac etas minuerunt.

75 Filius Eubrauci, qui dictus nomine Scutum
Brutus erat Viride, regnum rexit bene tutum.
Cuius Asaratus germanus in arte peritus
Armata vicit Alemannos classe potitus.
Annis bis senis completis Brutus obiuit:
80 Talem rectorem Britannia tota sitiuit.
Urbem Karleoli Brutus fieri faciebat,
Post quem Ruddudibras regni diadema ferebat:
Wyntoniam, Cantorbiriam, dum viueret, egit.

Post Bladuc, qui membra volans in corpore fregit,
85 Batoniam fecit ibi feruida balnea fingens,
Corpore quem ruptum rapuit mors omnia stringens.

De Bruto Viridi Scuto et Asarato fratre eius, **filiis** Eubrauci, et Salomon temporibus eius templum Domino edificauit. Regnauit annis duodecim.

Quod Brutus condidit urbem Karlioli.

Quod Ruddudibras regnauit annis xxxix, cclxv. Tempore suo **prophetabant** Aggeus, Amos, et Joel prophete. Bladuc regnauit annis viginti, cclxiii, cuius tempore Helias propheta claruit.

fuit de parentela Ebrauci. Nolueruntque mulieres Ytalie commisceri cum Troianis et ideo misit in Britannia⟨m⟩. Tempore autem quo regnauit Dauid in Judea, regnauit Ebraucus in Britannia per quadraginta annos viriliter. Ipse primo
55 post Brutum ⟨classem⟩ in partibus Galliarum [eos] duxit et ⟨eos⟩ deuicit./
4ra (C/75–83) Assaracus filius Ebrauci secundus nauigauit in Alemaniam cum fratribus suis et gladio eam conquisiuit. Brutus vero dictus Viride Scutum, filius Ebrauci senior, regnauit in Britannia post patrem suum duodecim annis, et condidit ciuitatem Karlioli, et regnauit post eum filius
60 eius Rudhudibras, qui condidit ciuitatem Wintonie et Cantuariam.
(C/84–6) Post quem regnauit Bladud viginti annis, qui fuit nigromanticus et fecit ciuitatem de Badonia et illa mirabilia balnea calida. Hic volauit et cecidit et mortuus est.

C/81   In *GM* §28 Carlisle (*Karleolum*) was founded not by Brutus Greenshield, as in HE, the poem, and Cc, but by Brutus's son Leil.
C/83   *Wyntoniam, Cantorbiriam:* 'Winchester,' 'Canterbury' *egit:* 'accomplished, built'
C/85   *Batoniam:* 'Bath'

Ipse Leyr genuit, a quo Leicestria facta,
Tres natasque Leyr, testantur ut ipsius acta.
Prima Goronilla regi datur Albaniorum,
90 Cornubie comiti Regauque secunda sororum.
Ultima Cordilla—cunctis sapiencior illa!—
Francorum regi datur uxor subdita legi.
Quantum diligeret patrem Cordilla rogata
Hiis verbis fertur responsa dedisse probata:
95 'A me diligeris, pater, ipse per omnia tantum,
Si tua pensetur, valeat substancia quantum.'
Iste timens generos diuertit trans mare gressus
Cum paucis sociis, ubi suscipitur bene fessus.
Sicut ei fecerant, generis inferre paratus
100 Cum nataque suis regnum repetit recreatus./
17r Hic generos perimens tribus annis sceptra
                              regebat,
Post obitum cuius regnum Cordilla tenebat.

Iste Leir a duabus filiabus et a maritis earum a regno deiectus a Cordilla tercia filia et per maritum suum regem Gallie in regno est restitutus. Regnauit annis sexaginta, cccxxv. Sepultus est in Leicestria.

Responsum vero filie ad patrem 'quantum' tunc parum ponderauit, sed postmodum sensit nimis verum.

De fuga Leir ad Cordillam filiam iuniorem reginam Gallie, etc.

(C/87–102) Post Bladud regnauit Leyr filius eius viginti quinque annis,
65 qui condidit ciuitatem Leycestrie, et genuit tres filias: Goronillam, que desponsata erat duci Albanie; Regau, que nupta erat duci Cornubie; et Cordoillam, que propter suam sapienciam nupta erat Aganippo regi Francorum. Hec, cum quereret pater ab ea quantum eum diligeret, respondit, 'Quantum habes, tantum vales, et tantum te diligo.' Et cum insurgerent in eum filii sui
70 degeneres, fugit ad eam in Galliam, et collecto excercitu rediit in insulam cum filia et occidit duces Albanie et Cornubie. Et postmodum regnauit per
4rb tres annos in senectute sua. Post eum regnauit / Cordoilla filia eius quinque annis super totam Britanniam.

C/87 *Leicestria:* 'Leicester,' called *Kairlayre* at HE/114.
C/96 *Si...quantum = si pensetur quantum tua substancia valeat.* In Cc 'Responsum vero...' I take *quantum* to allude to this response, though it might stand for *quod.*
C/99 If *ei* (in all MSS) is retained, scansion requires *fēcĕrant.*
C/100 *nataque suis:* i.e. *nata suisque,* as often.

Regnantem sed eam Cunedac, Morgan,

　　　　　　　　　　superarunt,

Inter se regnum totum qui dimidiarunt.

105 Sic bipartita regio fuit Anglica binis,

Anni vicesimi quarti foret usque quo finis.

Tunc Ysaias et Osee vaticinantes

Atque viri Rome muros fuerant renouantes.

Morgan et Cunedac Roynail successit, et illum

110 Post tempus sequitur Gurgustius ipse pusillum.

Cui post successit Sisillius, ac morientem

Gordiades sequitur, Porrex Ferrex-⟨que parentem.

Porrex occidit Ferrex⟩ regnumque regebat,

Fratris pro morte cui mater sic faciebat.

115 Quatuor ob quam rem iam surrexere potentes

Quatuor in plagis regnum populumque regentes.

Hii Scater atque Pomer, Raduc, Clotes

　　　　　　　　　　dominantes:

Cordilla a nepotibus im-
pugnata capta est et in
carcere missa et ibi
mortua est.

Diuisio Anglie inter duos
Conedac et Morgan,
cuius tempore Ysaias et
Osee prophetabant sub
rege Ezechie in Judea
et Roma a duobus fratri-
bus condita est xi Kal.
Maii. Roynal regnante
tribus diebus cecidit plu-
uia sanguinea et musca-
rum affluencia homines
moriebantur.

Porrex occidit Ferrucem
in bello, unde mater
eorum in odium Porrecis
versa cum ancillis dormi-
entem in frusta dilace-
rauit. Quatuor regibus
post Porrecem regnum
submissum est, qui sese
inuicem impugnauerunt.

(C/103–8) Insurrexerunt in eam filii sororum eius, Cunedak scilicet et
75 Morgan, et regnauerunt in insula[m] viginti quatuor annis. Tunc Ysayas et
Osee prophetabant et Roma condita est.

(C/109–14) Post Cunedak et Morgan regnauit Roynaille, post quem
Gurgustius; post eum Sisillius; post eum Gordiades. Hic genuit duos filios,
Porrex et Ferrex. Porrex occidit fratrem suum Ferrex et regnauit centum
80 annis. Ipsum vero occidit mater sua clam in lecto.

(C/115–20) Ob quam rem insurrexerunt quatuor potenciores terre, et
unusquisque regnauit in loco suo: Stater, et regnauit in Albania; Pomer in
Loegria; Raduk in Wallia; Clotes in Cornubia. Filius eius Donewalle
Molenticius conquisiuit totam insulam et regnauit quadraginta annis. Hic
85 statuit leges et primo coronatus est auro.

C/108　　*renouantes:* simply for the rhyme

HE/79–80 Porrex's 100-year reign (after which his mother kills him!) is not in *GM*.

Clotenis natus vicit cunctos habitantes:

Donwal regnauit leges gratas statuendo;

120 Inde coronatur auro, bene sceptra regendo.

Iste duos natos genuit virtute potentes,

Qui multis annis regnum vixere regentes.

Primus Belinus et Brennius ipse secundus:

Talibus in nostro non gaudet tempore

mundus!

125 Armis Belinus contra fratrem prior iuit,

Brennius et victus sic Gallia regna petiuit.

Brennius hinc patriam repetit cum posse

recenti;

Pugnat cum fratre, fidens virtute potenti.

Sed veniens regina parens utrumque precata,

130 Ubera detexit: sic est pax certa creata.

Iste Donwal fecit fieri illam viam que Anglice dicitur Watlyngstrete pacemque multum firmauit. Regnauit undecim annis.

Hic sepultus est iuxta templum Concordie Londoniis.

Iste Belinus et frater suus Gallos subiugauerunt et Romanos sub tributo posuerunt, et alia multa ut plenius patent in versibus sequentibus.

De discordia inter fratres propter regnum.

De pace reformata inter eos per matrem eorum.

(C/121–37) Hic genuit Belinum et Brennium qui multis annis regnauerunt. Belinus predictus regnauit in Britannia et Brennius in Albania. Orto igitur bello inter eos, fugit Brennius in Galliam trans mare. Regnans vero Belinus fecit vicum suum per medium insule qui vocatur Fosse, qui incipit in Toteneyse
90 et finitur in Cathenesse. Alium vicum fecit ex transuerso insule de Sancto
4va Dauid in Wallia usque ad portum / Hamonie. Brennius vero rediit in Britanniam cum excercitu copioso contra fratrem suum, et veniens regina mater eorum laceratis vestibus usque ad cingulum ostendit mamillas filiis, et filii pietate fracti composuerunt pacem, et simul cum excercitibus [et] exeuntes
95 de insula, ceperunt Galliam et Ytaliam cum aliis prouinciis sibi adiacentibus.

C/115–20 Cc 'Iste Donwal...': in *GM* §39 the building of Watling Street (unnamed in *GM*) is credited to Belinus.

HE/85   *primo:* following *GM* and *WC* I have emended from MS *post.* but *inde* (C/120) might suggest that the poet read *post.*

HE/89   *vicum:* 'road'

HE/89–91 The author of the *Harley Epitome* has interpreted *GM* by giving the names *Fosse* and several that still belong to modern cities.

Hinc mare sulcantes, fratres ad bella parati
Gallos, Ytalicos, cepere per arma probati.
Post obsederunt Romam, tandem capientes,
Et suspenderunt plures ex urbe dolentes.

135 Belinus patria⟨m⟩ repetit post prelia tandem,
Brennius Ytaliam, qua viuens rexit eandem.
Tunc Belinus obit, Trinouantum iure
                                                    sepultus,
Cuius regnauit natus Gurmundus adultus.

Post Gwyncellinus, post hunc Sisillius atque
140 Post hunc Gymarus eius natus fueratque;
Et quia Gymarus moriens herede carebat,
Succedens fratri Darius dyadema ferebat.

Post quem regnauit Moruidus nomine fortis:
Cum monstro pugnans subiit discrimina mortis.

De ingressu fratrum in Galliam et ultra ad alia regna.

Regnauit Belinus annis xxxiiii. cuius ossa fecit cremari et puluerem in cuppa aurea super portam de Belyngate in memoriam eius poni.

Iste Gurmundus ⟨in⟩ueniens in Orcadensi pelago naues plenas viris et mulieribus ex Hyspania deiectas misit eos ad Hyberniam tunc vastam et ibi primo habitare ceperunt. Regnauit annis triginta.

Iste **Moruidus** regem Morianorum vastantem Northumbrum in bello vicit: nemini parcebat iratus quin

---

Tempore Assweri regis, post quem Darius, post quem Alexander Magnus, venerunt Belinus et Brennius Romam, et eam oppugnantes ceperunt et suspenderunt viginti quatuor de nobilioribus Rome in medio ciuitatis. Tandem Brennius dux Allobrogum regnauit in Ytalia, et Belinus reuersus est in Britanniam,

100 et sepultus est Trinouantum. Eius tributarius fuit Gulak rex Danubye.

(C/138–42) Post Belinum regnauit filius eius Gurgundus. Post eum filius eius Guitellinus. Post eum Sisillius. Post eum filius eius, qui Gimarus nominatur.

(C/143–7) Hic vero genuit filium, scilicet Morpidam fortissimum, qui pugnauit cum quodam monstro quod occidit homines quasi innumerab⟨i⟩les.

C/138   On Cc 'Iste Gurmundus…' see Textual Notes (p. 97).
C/142   Darius (*Danius* in *GM* §47), brother of Gymarus (*Kinarius*), is not in HE or *WC* and must have been in Ur-HE.
C/142–3   Moruidus was the son of Darius/Danius, not of Gymarus, as stated in HE/102–3. HE and *WC* both call him *Morpidas*; *GM* has *Moruidus*.
HE/96   These synchronic reigns are not in *GM*.

145 Monstrum terribile telis transfigere ratus

A monstro periit, ex illius ore voratus.

Post Gorbonias, post Argabus: ipse malignas

Instituit leges, mentes turbando benignas,

Eiectum regno quem respuit Anglia tota,

150 Quando nequicia cunctis patuit sua nota.

Trans mare cum requiem nullam posset reperire,

Ad natale solum cicius cupit ipse redire, /

17v Et fratrem precibus hic compulit ad pietatem,

Fratri promittens ostendere se bonitatem.

155 Omnes maiores regni tunc rex Elidurus

Fecit obedire fratri, nec erat sibi durus,

Contulit et sponte fratri regnum seniori,

Argabus et placuit post hec magnoque minori.

Hic annis decem completis fata subiuit

160 Et regem populus Elidurum corde petiuit.

eum interficeret; erat pulcher et in donis profusus.

Iste Gorbon templa deorum renouabat et plura noua edificabat, et regnauit annis decem. Fuit enim vir iustissimus, cui successit frater suus vir iniqus, ut infra patet. Cui successit Elidurus.

De Eliduro qui factus est rex post fratrem suum Argabum; xxv annis regnauit. Apud Ingelwod Argabo in statu misero obuiauit, quem secum adducens Eboracum seipsum deposuit et ipsum in regem coronauit, qui homo pacis deuenit, et post decem annis regnauit, et apud Karliolum sepelitur in ecclesia, ut dicitur, Sancti Albani in medio ville.

105 Ipse vero solus armatus adiit monstrum, et quasi pisciculus ab eodem monstro deuoratus est. Post eum regnauit filius eius Gorbonias.

(C/147–68) Post Gorbodian regnauit frater eius Argabus, qui iniustas
4vb leges posuit et eiectus est / a regno propter suam maliciam. Et cum non posset habere auxilium in transmarinis, rediit in Britanniam, inueniens fratrem suum
110 iuniorem Elydurum regnantem. Rogabat de pietate. Qua pietate confractus Elidurus finxit se infirmum ac per cautelam adduxit comites et barones ad parliamentum infra castrum suum, et compulit eos facere Argabo homagium, qui ante fuerat eiectus a regno. Et mutauit Argabus maliciam suam in bonitatem et regnauit in virtute sua decem annis, et in urbe Kairlayre sepultus est.
115 Post eum erigitur in regem secundo Elydurus frater eius, et discordia orta inter

C/151–9   *Ingelwod* in Cc 'De Eliduro…': Inglewood, Cumberland, is between Carlisle and Penrith; in *GM* §50 the meeting is 'in Galatherio nemore' (somewhere towards Scotland, according to *GM* §37). In *GM* (and HE) Argabus is buried at Kaerleir (Leicester), and Cc's *Karl.* could be for either, but only Carlisle had a church dedicated to St Alban. Dc has *Karliolam.*

HE/115   *secundo:* MS *primo* is an error.

Sic meritis gratis meruit rex esse secundo,

Scismate quem fratres captum clausere profundo.

Ipsis defunctis Elidurus carcere ductus

Rex fit preteritos oblitos dans fore luctus.

165 Tunc vixit cernens Jeremias perdicionem

Eius, cum populus ductus foret in Babilonem.

Hinc surrexerunt terdeni quinque regentes,

Non omnes pariter, sed tempora certa sequentes.

Post regnauit Hely, Belinus iure vocatus

170 Quod multos ipse vicit, nullo superatus.

Ipse potens genuit tres natos, nomina quorum

Lud, Cassibellanus, Nennius ultimus horum.

Londonie muros reparando Lud renouauit,

Anglorum populus eius qua corpus humauit.

Elidurus secundo fit rex, sed fratres sui Ingemus et Peridurus eum incarcerauerunt et regnum inter se diuidentes septem annis possederunt et simul obierunt. Post quorum obitum Britones eum in regnum tercio coronauerunt, qui omne tempus bonitate expleuit. Post Elidurum regnauerunt xxxv reges, inter quos fuit Bledgabet qui omnes retro cantores in modulis et musicis instrumentis superabat, et eciam Eligueillus pater Hely, qui super omnia rectam iusticiam in populo excercebat.

Iste Helibelinus genuit tres filios, Lud, Cassibellanum, Nennium. Iste Lud ciuita-

tem Trinouantum iussit de nomine suo dici ciuitatem Lud, que postea Saxonice dicta est Lundonie. Lud regnauit annis duodecim, et in porta que Ludgate dicitur sepultus fuit.

---

ipsum et fratres eius, ipsum ceperunt et infra turrim urbis incluserunt, sed ipsis mortuis de carcere merito educitur et tercio rex efficitur, et regnauit annis multis. Jeremias tunc prophetauit et transmigracio Babilonis facta est. Post vero triginta quinque reges regnauerunt, sed unusquisque post alium loco suo.

120   (C/169–74) Post istos vero regnauit Hely, qui vocatur secundus Belinus, quadraginta annis, et potens fuit. Hic tres filios habuit, scilicet Lud, Cassibellanu⟨m⟩, et Nennium. Lud tanquam primogenitus post patrem regnauit et renouauit urbem Trinouantum innumerabilibusque turribus eam circumcinxit. Unde nominata fuit postmodum Kayrlud, et inde per corrupcionem nominis

5ra Kair-/lunden. Succedente vero tempore per communem significacionem dicta est Lunden. Defuncto igitur illo corpus eius reconditum fuit iuxta

---

C/160–8   The synchronic date for Jeremiah (HE/118) and the simultaneous deaths of the brothers (related in Cc 'Elidurus secundo…') are not in *GM*.

C/164   *preteritos…luctus:* 'causing the past griefs to be forgotten'

C/169   *GM* does not say that Heli was called Belinus; this detail, from HE/120, may go back to variants in *Heli* and *Beli*.

175 Cui duo sunt nati, Thenancius Androgeusque;
    Ne regnent tenera vetat hos etas utriusque:
    Euo pro tenero pueros regnare timentes
    Cassibellano regnum dant corde fauentes.
    Tunc Julius Cesar, pugnans non robore fictus,
180 Cassibellanum fugit bina vice victus
    Flumine Thamisie. Rex tandem, fraude subactus,
    Est dare trecentas libras pro pace coactus.
    Cassibellanus obit atque Tenancius illi
    Successit, de quo gaudent magnique pusilli.

185 Post regnauit eo Kybellinus patre creatus,
    Cuius erat Christus saluator tempore natus.

Cui successit frater suus Cassibellanus, eo quod filii fratris Lud erant tenerime etatis; qui Androgio tradidit Trinouantum cum comitatu Cancie, et Tenancio ducatum Cornubie.

De Cassibellano, qui regnauit annis septem; Eboraco sepultus est. Iste pugnauit cum Julio Cesare et bis victor, tercio victus, ob quod tributum Romanis exoluit; defuncto Cassibellano, in Eboraco sepelitur.

Iste Tenancius fuit dux primo Cornubie, frater Androgei, qui Rome imperatori ministrabat; ideo non regnauit, tamen senior erat.

De Kybelino filio Tenancii quem Augustus Cesar nutriuit. Regnauit annis decem, quo anno mcc a tempore quo Brutus intrauit in insulam sunt completi. Diebus illis natus est Jesus et Octauianus Augustus imperabat. Post annos mille ducentos nascitur ille
          Qui spirante patre frondet de virgine matre.

portam que adhuc de nomine suo Saxonice dicitur Ludeyate.
    (C/175–82) Natique sunt ei duo filii, scilicet Androcheus et Tenancius, qui cum propter etatem nequiuerant regnare, Cassibellanus loco illorum in
130 regem sublimatur. Androgeo vero dedit urbem Trinouantum cum ducatu, Tenancio ducatum Cornubie. Cassibellanus predictus bis deuicit Julium Cesarem Romanorum imperatorem in ripa de Thamisia, tercio per eundem Julium superatus est fere, et hoc per Androgeum ducem Londonie, unde pace facta Rome tributarius fuit in CCC libris.
135   (C/183–8) Defunctus vero Cassibellanus et sepultus in Eboraco, cui successit Tenancius dux Cornubie, post quem Kimbelinus filius eius, miles strenuus. In diebus illis natus est Dominus noster Jesus Christus, cuius precioso sanguine redemptum est genus humanum. Istum vero Kimbellinum

C/179   *non robore fictus*: 'unfeigned in strength'
C/185–8 *mcc* in Cc 'De Kybelino…': understand *anni*. On the couplet at the end of
         Cc 'De Kybelino…' see Textual Notes (p. 97).
HE/133   *et hoc*: scil. *factum est*; Androgeus allied with Caesar.

Augustus Cesar fecit secum Kybelinus

Ut nutriretur, post quem rexit Wydelinus.

Claudius hunc ⟨contra⟩ Cesar mouet armaque
scutum,

190 Soluere quod peciit quia noluit ipse tributum.

Hinc fuit in bello Wydelinus fraude peremptus:

Hunc interficiens Hamelinus erat cito tentus.

Wyntoniam fugit tunc Claudius induperator,

Impiger Aruiragus sequitur quem, fratris
amator.

195 Claudius obsessus spospondit tradere natam

Aruirago, pacem quo posset sumere gratam.

Inter discordes sic pax per eam fuit acta,

In signum cuius est Claudiocestria facta.

Eo tempore Virgilius floruit et Oracius Rome expirauit. Iste **Widelinus** negauit Romanis tributum. Venit Claudius imperator et pugnando interfecit eum. Sed ⟨ver⟩ius est quod Hamelinus regem interfecit, quem Aruiragus frater regis viriliter insequens ad portum Hamonis occidit, qui nunc Suthampton vocatur.

De fuga Claudii post interfeccionem. Regnauit apud Porcestriam, que Kayrperis dicebatur. Ibi coactus Claudius dedit filiam suam Aruirago pro pace habenda cum regno Britannie, et nupcias in Claucestria ⟨de⟩ Claudio dicta tenuit: xxxiii

nutriuit Augustus Cesar, sub quo describebatur uniuersus mundus. Tunc enim
140 successerat Julio Octauius Augustus.

(C/189–202) Post quem regnauit Wytelinus, contra quem duxit excercitum in Britanniam Claudius Cesar, eo quod renuit soluere tributum. Inito igitur
5rb bello quidam miles nomine Hame/linus deiectis armis propriis, cum vidisset partem Britonum suos infestare, et accedens propius iuxta regem dolo occidit
145 regem. Hoc autem perpendens Aruiragus frater regis Wydelini cepit arma regis, et ortatus est Britones resistere. Et sic factus est Claudius imperator in fugam, et insecutus Hamonem usque ripam Hamptonie, que de nomine eius Hamptonia nuncupatur et usque in hodiernum diem Portus Hamonis appellatur, et ibi interfecit eum. Fugit itaque Claudius imperator Wyntoniam, et obsedit
150 eum Aruiragus, et nacta pace misit Claudius Romam pro filia sua et dedit eam Aruirago, et in memoriam nupciarum condita est urbs Claudiocestria, id

C/188–92   The Horace and Virgil synchronization in Cc 'Eo tempore...' is not in *GM.*
C/192   *Hamelinus* (thus in HE, the poem, and Cc): *Lelius Hamo* in *GM* §65.
C/193–202   *Porcestriam....Kayrperis* in Cc 'De fuga...': 'Porchester'; the synchronic
             dates given in this note for Christ's baptism and crucifixion, Stephen's
             stoning, and Saul's conversion are not in *GM.*
C/195   *spospondit* (needed for metre) = Classical Latin *spopondit*
HE/148   *Hamptonia...Portus Hamonis:* 'Southampton'

Claudius hinc rediens precepit, ut Anglia tota

200 Aruirago semper seruiret lite remota.

Tunc obit Aruiragus pacemque reliquit amenam,

Sanctus et ecclesiam rexit Petrus Antiochenam./

18r Post rexit Marius, vir mire simplicitatis,

Armis nec fuerat minus ipse potens probitatis.

205 Raduc, Pictorum rex, Albaniam nece strauit,

Sed talem rabiem Marius rex non tolerauit,

Cum quo commisit, prostrauit et ense necatum,

In laudis signum lapidem statuens bene latum.

annis regnauit. Diebus illis Jesus baptizatus est; anno 33º post partum Virginis crucifigitur. Eodem anno Stephanus lapidatur. Anno sequente Petrus Antiochenam ecclesiam rexit. Eodem anno Paulus de Saulo gracia spiritus sancti effectus est. Anno domini xxxiiiº.

De Mar[c]io rege. Iste Raduc Pictorum regem Albaniam vastantem interfecit, et in signum triumphi sui in prouincia que postea de nomine suo Westmaria dicta fuit lapidem erexit, in quo memoria eius testatur, scilicet Rerecros.

---

est Glouernia. Et reuersus Claudius Romam, concessit libere Aruirago totam Britanniam cum insula, et regnauit Aruiragus multis annis viriliter et potitus gloria sepultus est Claudiocestrie in quodam templo quod in honore Claudii
155 dedicauerat. Eo tempore Petrus ecclesiam Antiochenam fundauit; Romam namque veniens tenuit episcopatum misitque Marchum euangelistam in Egiptum predicare quod scripserat.

(C/203–14) Post Aruiragum regnauit Mar[c]ius, vir mire prudencie. Quo
5va regnante quidam rex Pictorum nomine Raduk de Sicia / cum magna classe
160 applicuit in Albaniam cepitque terram deuastare. Sed rex Marius collecto populo ipsum petiuit, illatisque preliis ipsum interfecit, et signum triumphi erexit lapidem in prouincia que de nomine suo Westmaria dicta fuit, in quo inscriptis tabulis memoria eius usque in hodiernum diem testatur. Perempto vero Raduk dedit deuicto populo qui cum eo venerat Cathenesiam. Cumque

---

C/203   *Marius:* both HE and Cc call him *Marcius,* but it is a slip easily made independently.
C/208   *Rerecros* in Cc 'De Mar[c]io…': 'raised cross'? This is not in *GM.*
HE/151–2 *Claudiocestria…Glouernia:* 'Gloucester'
HE/159   *Sicia* (as in *GM*): 'Scythia'
HE/162   *Westmaria* (as in *GM*): 'Westmorland'
HE/163   *Perempto:* the MS reads *precepto,* which is clearly wrong; the poet's text of Ur-HE must have had *perempto* (as in *GM*).
HE/164   *Cathenesiam:* 'Caithness'

Per Marium populo datur et Cathenesia victo,

210 Qui patriam rediit; Mario regnante relicto,

Anglorum natas voluerunt ducere Picti,

Hoc sed contrahere prohibentur nomine dicti.

Tunc ad Hybernenses Picti tendunt memorati,

Gens quibus est Scocie mulieribus associati.

215 Post Marium patrem regnauit et ipse Coelus.

Lucius hunc sequitur, cuius fuit ad bona zelus,

Nam Romam mittens baptismate se renouari

Postulat, ut per ⟨a⟩quam valeant sua facta piari.

Tunc duo doctores, verbi virtute potentes,

220 Regi mittuntur complere petita volentes.

Regem confessum sacro de fonte leuabant

Et multos patrie verbo fidei recreabant,

Populo autem deuicto ipse partem Albanie ad inhabitandum dedit, que Cathenesia dicitur, que vasta erat. Qui cum uxores a Britonibus peterent, dedignati sunt Britones natas suas eis maritare, ac illi in Hyberniam transfretantes acceptis inde mulieribus sobolem suam multiplicauerunt.

Post Marium Coelus regnauit, cui successit Lucius, ultimus in Britannia regum paganorum et primus Christianorum, qui cum 4 annis regnasset, misit epistolas ad papam Euleutherium pro baptismo, cuius tempore Galienus medicus Rome claruit. Hic Lucius ab Eleutherio papa per legatos,

scilicet Faganum et Duuianum, Christianitatem cum Britonibus suscepit. Tres autem archiflamines et viginti octo flamines in insula erant. Unde archiepiscopi in loco archiflaminum et episcopi in loco flaminum constituuntur. Eboraci archiepiscopo **Deyra** et Albania ce[n]dit, Londoniensi Loegria et Cornubia, Urbis vero Legionum archiepiscopo Kambria, id est Wallia. Regnauit annis quinquaginta.

---

165 uxores non haberent, filias et cognatas Britonum pecierunt. Sed quia Britones indignati sunt huiusmodi populo natas tradere maritandas, transfretauerunt in Hyberniam, duxeruntque ex patria mulieres, ex quibus procreati sunt Scoti.

(C/215–26) Post Marium regnauit filius eius Coelus. Post eum Lucius filius eius anno Domini centesimo primo, qui quidem Lucius missa legacione

170 ad pontificem summum Eleutherium postulauit baptismum. Qui comperta eius deuocione misit tunc ad illum duos religiosos, scilicet Faganum et Duuianum, qui verbi Dei incarnacionem predicantes ipsum abluerunt baptismo

---

C/210   *Qui:* Marius. The ablative absolute ('King Marius being left behind') is awkward, since it was Marius who left Scotland.

C/214   *Gens…associati* = (*Picti*) *associati mulieribus quibus gens est Scocie;* at this date the Scots lived in Ireland, as was probably known to HE and the poet.

C/215–22 The following details in Cc 'Post Marium…' are not in *GM:* the synchronic activity of Galen, the letter sent in the fourth year, the fifty-year reign (also mentioned in HE/181).

Hii patriam perag⟨r⟩ant, vastantes templa deorum
Et laudes Christo regi resonando polorum.
225 Hinc lustris decem completis fata subiuit
Lucius et talem regnum sine rege sitiuit.

Norunt Romani quod erat regnum sine rege,
Anglos qui cupiunt sub iniqua ponere lege.
Tunc populus multus cum precedente Seuero
230 Ingreditur, regnum sibi subdens marte seuero.
Hic de Karliolo murum, fossam, faciebat
Tendentem Tynemuth, bellum quia forte
                              timebat.
Principe cum magno pugnando Seuerus obiuit,
Defunctum populus Eboraco quem sepeliuit.

Hic ceperunt Romani regnare in Anglia primo, quia Lucio mortuo sine herede Seuerus a Roma missus est in Anglia regnaturus. Iste eciam propter sibi rebellantes qui in Albania erant, murum fieri faciebat a mari usque ad mare in orientali parte, que Thirle-walle dicitur. Iste Seuerus a Fulgenio duce Britonum Eboraco obsessus et ab eo occiditur, et fertur ibi-dem esse sepultus.

sacro et ad Christum conuerterunt. Isti igitur doctores per totam insulam deleuerunt templa et que in honore deorum fundata erant uni Deo dedicaue-
175 runt. Fuerunt tunc xxviii flamines et tres archiflamines, quorum potestati ceteri iudices submittebantur. Hos ex precepto apostolico a causa ydolatrie eripuerunt et ubi erant flamines episcopos, et ubi ar/chiflamines archiepisco-
5vb pos posuerunt. Sedes autem archiflaminum in tribus nobilioribus ciuitatibus fuerunt, scilicet Londonie et Eboraci et in Urbe Legionum, quas super Oscam
180 flumen in Glamorgancia veteres muri et edificia sita testantur. Et regnauit Lucius quinquaginta annis et mortuus est sine herede.
  (C/227–44) Unde discordia orta est inter Britones et Romanos. Qua de causa Romani miserunt in Britoniam contra Scotos et Pictos et alias naciones de insulis duas legiones cum Seuero. Qui Seuerus, senator Romanorum, fecit
185 fossatum a mari orientali usque ad mare occidentale, scilicet de Tynemuth usque Karliolum. Hic Seuerus pugnauit apud Eboracum cum quodam principe Fulgencio nomine, et ambobus occisis electus est Bassianus. Post

C/228   *Anglos:* 'British,' as in C/1 and elsewhere.
C/227–34 *Thirlewalle* in Cc 'Hic ceperunt...': Thirlwall is on the Northumberland-Cumberland border, about twenty miles east of Carlisle.
C/234   Severus's burial at York (also in Cc) is in *GM* §74, but not in HE or *WC*.

235 Electus Bassianus de more regebat
Terram, post Carous, quem mors festina
                              premebat.
Post Asclapiodocus, qui regnante Coelo
Interiit bello, percussus corpore telo.
Tunc a Romanis Constancius est cito missus

240 Ut terram caperet, constans non corde remissus.
Uxorem duxit Constancius ipse Coeli
Natam, quo pace posset gaudere fideli,
Romanisque dedit, dum viueret, ipse tributum,
Regis more gerens Constancius armaque scutum.

245 Rex Constantinum Constancius hic generauit,
Regnans Romanos pugnando qui superauit.

De Bassiano rege filio Seueri, quem Karous occidit. Iste Asclapiodocus fere omnes Romanos uno die infra Londonias occidit, qui erant in Anglia auxilio Britonum. Asclapiadocus fuit dux Cornubie, quem Coelus dux Collecestrie occidit et regnauit pro eo. Iste Constancius a Roma missus pugnauit contra Coelum, qui iniit pacem cum eo, hoc pacto ut regnaret in Britannia dum viueret, et Constancius post **ipsum**, qui, ut regnum adeptus est, duxit filiam Coel Helenam nomine, ex qua genuit Constantinum.

Constancio successit Constantinus, qui Romam perrexit et Maxencium tyrannum deuicit, et eo deuicto tocius mundi monarchiam optinuit et pacem ubique reformauit, et tres auunculos Helene, Trahen et Marium et Joelinum (patrem scilicet Maximiani qui post Octauium regnauit), secum adduxit.

---

quem Carrons, post quem Asclepiodokus decem annis. Eo occiso a Coelo miserunt Romani Constancium cum legione, et timens Coelus dux Colo-
190 cestrie qui regnauit dedit filiam suam Constancio, ut susciperet pacem et Rome tributum dedit, et infra paucos dies infirmatus moriebatur.
(C/245–60) Tunc Constancius senator Romanorum dyademate Britannie se insigniuit, qui duxerat filiam Coeli regis unigenitam nomine Helenam, de qua genuit duos filios et unam filiam, et regnauit Constancius multis annis.
6ra Quo defunc-/to successit nobilis Constantinus, qui adiuit Romam et illam subiugauit sibi: monarchiam tocius orbis tenuit. Et dum Rome consisteret,

---

C/235–6   HE, the poem, and Cc omit the important roles of Geta and Allectus (*GM* §§75–6), rectified in some other versions.

C/243–4   The poem, perhaps misunderstanding HE or versifying clumsily, gives the impression that it was Constancius, rather than Coel, who paid tribute to Rome. The agreement that Constancius should rule after Coel, mentioned in Cc 'De Bassiano....' is not in HE or *GM*.

C/245–60 HE and the poem give lucid but incorrect accounts of this period, by omitting

Anglorum curam dedit ipse Trahen, neque parcus

Prefuit et toti mundo regnando monarchus.

Impeciitque Trahen Octauius arma ferendo,

250 Defecitque Trahen et ei cessit fugiendo.

Vastauit Scociam, voluens mala corde profundo;

Restitit occurrens Octauius huicque secundo.

Occiditque Trahen Octauius et remeauit; /

18v Cesis Romanis regni solium reparauit.

255 Iste senex regnum cum nata Maximiano,

Gallos cognato victos dedit ipse Conano.

Undene mille sub eodem rege puelle

Martirium passe nunc lucent utpote stelle.

Constantinus Romam pergens contra Maxencium, Octauius dux Gewissorum proconsules quibus Britannia commissa fuerat interfecit et statim regni solio potitus. Quod audiens Constantinus auunculum Helene cum tribus legionibus ut insulam restitueret misit, qui **appulsus** in insulam adinuicem duo prelia commiserunt: in primo Trahen victus, secundo in Uestmaria est victor, Octauiumque fugere compulit et regnum ei abstulit, quod fugeret Nortwegiam. Per insidias perimitur Trahen. Reuersus Octauius regnum recuperauit. Deinde Octauius inuitando Maximianum a Roma, ei [que] filiam suam cum regno Britannie dedit, quia herede masculo carebat. Adeptus itaque regnum Maximianus, debellatis de Armorico regno Gallis, Britannico populo illud impleuit, fecitque Britanniam, et eam Conano nepoti Octauii regis, qui ad regnum Britannie antequam veniret aspirauerat, donauit sicque illum pacificauit. Volens Conanus commilitonibus suis coniuges dare ut **nullam** commixtionem cum Gallis faceret, decernit omnes filias nobiliores ex infima gente creatas ⟨...⟩.

---

dedit cur[i]am Britannie Trahen, sue matris Helene ⟨auunculo⟩, cum quo preliabatur Octauius iuxta Wyntoniam, et potitus est victoria. Trahen in posterum vastauit Albaniam. Quod cum nunciatum esset Octauio, commiserunt prelium
200 in Westmerland, et Trahen optinuit victoriam. Octauius vero reuersus in Britanniam, interfectis Trahen et Romanis, solium regni recuperauit. Senio quidem confectus dedit filiam suam Maximiano, qui conquisiuit Galliam et dedit Conano nepoti suo. In tempore predicti Maximiani passe fuerunt undecim milia virginum. Defuncto Maximiano regnauit Gracianus.

---

much of *GM* §§78–9; there were in fact two Graciani and two Maximiani, and Cc 'Iste Maximianus...' (note to C/259–60), in trying to include them, has erred. The *Gracianus* of C/260 is *GM*'s *municeps*, not the deposed emperor.

C/247–59   On the incomplete ending of Cc 'Constantinus Romam...' see Textual Notes.
C/256   *ipse:* i.e. Maximianus
C/257–8   These 11,000 virgins were in fact the brides assembled for Conan's soldiers in Brittany; their fate is in Cc's unfinished note to C/247–59, 'Constantinus Romam....' HE gives the impression that they suffered under Maximian.

Tandem defunctus sepelitur Maximianus,
260 Cuius post obitum regnum rexit Gracianus.
Post istum monachus Constans est hic cito notus;
Per Vortigernum fit proditus atque remotus.
Hic Vortigernus regnauit, tempore cuius
Saxonicus populus cultor terre fuit huius.
265 Cui dixit Rowen, Hengisti nata, bibendo:
'Lauerd Kyng, wessail,' cui 'Drinkhail' ipse
                                      loquendo:
Hec inter veteres sepissime verba notantur,
Ad conuiuandum vicini quando vocantur.

Iste Maximianus princeps fuit milicie Diocleciani, sub qua persecucione passus est Sanctus Albanus in Anglia. Qui quidem Maximianus, debellatis Gallis ex omni parte, in duos imperatores ita debacatus est, Gracianus vel Valencianus, quod uno tempore alterum interficeret et alterum ex Roma fugaret. Interea interfectus Maximianus ab amicis Graciani est, quod audiens Gracianus sese in regem Britannie promouit, et tantam tyrannidem excercuit in populo ut cateruis factis plebeani in eum irruerent et occiderent.

Graciano propter suam maliciam occiso a populo, beatus Egelwinus Londoniensis archiepiscopus adiit regem Minoris Britannie Androenum, auxilium ab eo petens et regnum ei promittens, qui noluit venire. Tradidit ei fratrem suum Constantinum cum duobus milibus militum. Qui per merita beati Gucellini liberauit insulam a barbaris et apud Cestriam coronatur. Qui genuit tres filios, scilicet Constantem, Aurelium [et] Ambrosium, et Uter Pendragon. Constans monachus efficitur apud Sanctum Amfibalum in Wyntonia. Defuncto igitur Constantino patre per prodicionem Vortigerni, Constans monachus rex efficitur, et Vortigernus magister eius, **per** cuius fraudem interficitur rex.

Hec puella Rowen postquam biberat regi, idem rex eam accepit in coniugem et pro ea prouinciam Cancie dedit patri suo Hengisto.

---

205   (C/261–8) Post quem Constancius monachus regnauit, qui proditus fuit per Vortigernum. Cui successit Wortigernus, tempore cuius Saxones intrauerunt Britanniam. Ad quem Vortigernum Rowen filia Hengisti de thalamo progrediens et aureum ciphum plenum vino afferens dicebat, 'Lauerd king, wesseil.' Cui ille documento interpretatoris respondit, 'Drinkhayl.' Quod usque in hodi-
210 ernum diem in conuiuiis dictum est Saxonice, scilicet 'wesseil' et 'drinkheil.'

C/259–60 *Gracianus vel Valencianus* in Cc 'Iste Maximianus…': for the nominatives, see Introduction, p. 16. See also Textual Notes (p. 98) on MS placement of all Cc's notes printed on this page and page 45, and on two unprinted notes.

C/261–8   HE and the poem omit a crucial episode, the appeal to Brittany by Bishop Gucellinus (unaccountably first named Egelwinus in Cc 'Graciano propter …'); this resulted in the arrival of Constantinus II, who expelled the barbarians and fathered Constans, Aurelius Ambrosius, and Uther; Cc 'Graciano

Anglis expulso Vortigerno, sibi natus
270 Successit Vortimerius per singula gratus.

Quatuor hic bellis deuictis incineratur;

⟨Post obitum nati Vortigernus reuocatur.⟩

Nequiter Hengistus studet ut rex deciperetur

Et cito cum famulis Vortigernus moreretur.

275 Inter eos statuit de pace diem renouanda,

Incautum regem premeret quo morte nephanda.

Hic intra caligas cultros longos retinere

Precepit sociis, ut vota valeret habere:

'Nimmes our saxes' audito denique signo

280 Tunc regemque suos iugularent corde maligno.

Hengistus vicit regis socios perimendo;

Rex per Edol comitem vix euasit fugiendo.

Hic Rodewyn potauit Vortimerum veneno.

De prodicione Hengesti, cuius prodicio satis patet in versibus infrascriptis, quam fecit in Britones.

Britones timentes per easdem gentes exterminari, suaserunt regi Vortigerno ne eas retineret. Ipse vero nolens eis acquiescere, expulerunt a regno et filium suum Vortimerium in regem erexerunt, qui per omnia acquiescens cum illis barbaris quatuor bella gessit, et ad ultimum insequendo eos in Germaniam redire coegit.

Qui Vortimerius cito post insidiis nouerce sue veneno potatus est, et Vortigernus iterum in regnum restitutus est, non per generis successionem sed per prodicionem. Interea venit Sanctus Germanus Autissidiorensis et Sanctus Lupus Trecinensis in Britanniam, qui coruptam fidem per pelagianam heresiem plurimis miraculis correxerunt.

6rb   (C/269–72) Illo tempore floruit / Sanctus Germanus Autissiodorensis episcopus. Expulso vero Vortigerno per Britones regnauit Vortimerius filius suus, qui sustinuit quatuor bella contra barbaros. Post obitum cuius restitutus est Vortigernus in regem.

215   (C/273–88) Qui proditus fuit per Hengistum, qui precepit commilitonibus suis ut unusquisque 'longum cultrum infra caligas haberes,' ut cum colloquium inter se securius tractarent Britones et ipse daret eis hoc signum 'Nimeth houris saxis,' unusquisque paratus astantem Britonem audaciter occuparet

propter...' (note to C/260–2) fills the gap. The poet's *Constans* (C/261) is correct, i.e. in accord with *GM*, and must have been in Ur-HE; HE/205 *Constancius* is the result of confusion with Constantine II, father of Constans.

C/269–72   Vortimer was in fact poisoned by Rowen (see Cc 'Hic Rodewyn...,' 'Britones timentes...') and buried in a pyramid on the coast (*GM* §102), not burned. *Autissiodiorensis, Trecinensis* in Cc 'Britones...': 'of Auxerre,' 'of Trier'

C/279   *'Nimmes...signo:* 'having heard the signal "Take your swords".' The English is in northern dialect; some readers may mistake *our* for 'our.'

Iste videns plures occumbere prodicione,
Septuaginta viros morti dedit ex racione.
285 Expulsus rursus Vortigernus memoratus
Wallences peciit, inibi latitando moratus.
Urbes Wyntonie, Lincoln necnon Eboraci
Hengistus cepit, tenuit quoque more sequaci.

Tune Vortigernus, cernens superesse necesse
290 Consulat ut magos, ipsos precepit adesse.
Ut veniat, placuit, qui turrem condere noscet,
Amissis reliquis tutamen que fore posset.
Artifices plures ad regem conuenientes
Sepius incipiunt opus hoc, nil proficientes.
295 Nam quodcumque die factum fuit arte decenti,
Consumpsit tellus absorbens nocte sequenti.
Rex petit a magis, ut demonstrent sibi quare
Hoc opus inceptum sic non potuit bene stare.

Quod Edol comes liberauit Vortigernum regem et ipso illo die plures strauit uno palo. Iterum expulsus Vortigernus fugit in Wallia.

Hengistus occupauit urbem Vortigerni post fugam eius. Vortigernus inscius quid contra nefandam gentem ageret, consuluit magos quid securius esset.

Consilium magorum.

De cementariis artificibus.

Rex consuluit magos.

---

atque abstractis cultris ocius iugularet. Ad diem autem prodicionis cum de
220 pace tractarent, accepit Hengistus Vortigernum et per pallium detinuit, et
audito signo abstraxerunt Saxones cultros suos et fecerunt quod eis preceptum
fuit. Aderat ibi consul Claudiocestrie nomine Edol, qui inuento palo et comperto
dolo septuaginta viros cum eo interfecit. Expulso iterum Vortigerno
cum Britonibus, Hengistus cepit Eboracum et Lincolniam et Wintoniam et
225 dominabatur cum Saxonibus in Britannia. Vortigernus tandem secessit in
partes Kambrie, inscius quid contra Saxones ageret.
    (C/289–302) Vocansque magos consuluit cum illis quid faceret. Qui dixe-
6va runt ut edificaret sibi turrim que sibi tutamen foret / cum ceteras municiones
amisisset. Conuenientes autem cementarii ceperunt eam fundare in monte
230 Erir. Sed quicquid una die operabantur, absorbebat illud tellus in altera. Cumque
id Vortigerno nunciatum esset, consuluit iterum magos suos ut causam

---

C/288 *more sequaci:* apparently 'in consequence' or 'subsequently'
C/291 *noscet = nosset*

Tunc placet, ut iuuenem certo querant sine patre– Item consilium magorum.

300 Sed tamen ut constet certa natum fore matre–

Occisi mixto cemento sanguine cuius

Firmius ut turris fundamentum foret huius.

Legatos misit, homo talis ut inueniatur

Quoque locum subeunt alius socio reprobatur.

305 Verbis Merlinum Dynabucius reprobauit /

19r Dicens: 'Nescitur quis te genitor generauit.'

Missi Merlinum cum matre sua capientes

Ad Vortigernum propere ducunt venientes.

Cui dixit mulier quod patrem non bene sciuit,

310 Sed iuuenis secum post oscula plura coiuit.

Tunc Merlinus ait ad regem, matre tacente:

Legatos misit pro tali
iuuene querendo.

De Merlino et Dinabucio
litigantibus cum sedissent
in urbe que Kaermedin
vocata fuit. Quod audien-
tes legati regis Merlinum
cum matre capiunt et ad
regem adducunt. Mater
vero Merlini fuit filia regis
Demecie, que in ecclesia
Sancti Petri in urbe prefa-
ta inter monachas degebat.

rei indicarent. Qui dixerunt ut iuuenem sine patre quereret et interficeret, et sanguine ipsius cementum et lapides aspergerentur, ut fundamentum constaret.

(C/303–26) Tunc mittuntur legati per prouincias ut talem hominem inue-
235 nirent. Venientes in urbem Kairmerlyne conspexerunt iuuenes ante portam ludentes. Sedebant enim ibi exploraturi quod querebant. Tandem orta est lis inter duos iuuenes, quorum erant nomina Merlinus et Dynabucius. Certanti-bus illis dixit Dynabucius ad Merlinum, 'Ego enim ex rege editus sum ex utraque parte generacionis mee; de te autem nescitur quis sis, cum patrem
240 non habeas.' Erexerunt ergo legati suos vultus in Merlinum et interrogauerunt circumstantes quisnam esset. Qui responderunt quod nesciebatur quis eum genuerat; mater vero fuerat filia regis Demecie, que inter monachas vitam suam degebat. Ceperunt legati Merlinum et cum matre sua ducebant eum ad
6vb Vortigernum. Qui quesiuit ab ea / quis eum genuerat. Que respondit,
245 'Neminem agnoui qui illum in me generauit. Unum tamen scio, quod quidam iuuenis me amplectens sepissime et deosculans in thalamis nostris michi apparebat. Cumque diu in hunc modum frequentasset, coiuit mecum in specie

C/300   The poet's addition.
C/301–2   *Occisi...huius = cuius occisi sanguine cemento mixto, ut fundamentum
           huius turris firmius foret.*
C/304   *Quoque...alius = subeuntque locum quo alius*
C/305–6   Cc 'De Merlino...': *Kaermedin* (HE/235 *Kairmerlyne*): 'Carmarthen'

'Cur tibi sum ductus cum matre mea renuente?'

Cui rex: 'Consilium michi magi tale dederunt:

Ut talis iuuenis pereat pariter pecierunt,

315   Sanguine quo mixtum iuuenis stet opus male

ceptum;

Tutum sic fiet locus hic et ab hoste receptum.'

Tunc Merlinus eis: 'Me perdere cur voluistis,

Mendaces? Opus hoc quid vastat non didicistis?'

Tunc magi verbis Merlini conticuerunt,

320   Ausi nec quicquam sibi respondere fuerunt.

Hinc Merlinus ait: 'Sub humo fossa scio stagnum,

Quod non permittit opus hoc subsistere magnum,

Et duo sunt lapides sub stagno concauitate

Grandes, quis duo dracones pugnant feritate.'

325   Que Merlinus ait sub terra iam repererunt,

Ex dictis aliqua nec erant quin vera fuerunt.

Responsio regis ad
Merlinum.

Tunc Merlinus ait ad
magos.

Item Merlinus ad regem.

Horum draconum unus
erat albus et alter rubeus,
qui appropinquantes
adinuicem albus fugabat
rubeum. Per album signi-
ficatur Saxonica gens,
per rubeum Britannica,
unde rubeus fugatur ab
albo, id est Britannica
gens a Saxonica.

hominis grauidamque me reliquit.' Cumque omnia ascultasset, Merlinus
accessit ad regem et ait, 'Ut quid ego et mater mea in presencia tua adducti
250   sumus?' Cui Vortigernus, 'Magi mei dederunt michi consilium ut hominem
sine patre quererem et ut opus meum sanguine ipsius et irroraretur et staret.'
Cui ait Merlinus, 'Iube magos tuos mendaces venire coram me, nescientes
quid in preceptum fundamentum inpediat.' Quibus ait Merlinus, 'Consuluistis
ut sanguis meus funderetur in cementum et opus constaret. Dicite michi quid
255   sub fundamento latet quod ipsum stare non permittit.' Tunc magi conticuerunt. Ait Merlinus, 'Domine, iube fodere terram et inuenies stagnum sub ea
quod turrim stare non permittit.' Qui fecerunt sic et inuenerunt. Iterum ait
Merlinus ad magos, 'Dicite, mendaces, quid est sub stagno?' Qui nec unum

C/316   Unless the poet treated *receptum* as a neuter, *tutum* must be a noun = *tutamen*
(cf. *GM* §106 *turrim fortissimam que sibi tutamen foret*).
C/324   *quis* = *in quibus*. The fighting dragons are not in HE, but the story was well
known. See Cc 'Horum draconum....'

Fit rex Aurelius Ambrosius in regione
Anglorum, cuius seruiuit terra corone.
Hengistum perimens Vortigernumque cremauit,
330 Merlinum retinens, zelo quem cordis amauit.
Tunc ab Hybernensi patria sunt trans mare lati
Inmensi lapides, Stanhengles rite vocati.
Hinc obit Aurelius Ambrosius et sua iura

Interea iste Aurelius Ambrosius applicuit cum nauigio in Angliam et mox in regem eleuatus diuertit cum excercitu suo in Kambriam, ubi Vortigernum combusserunt et Hengistum perimerunt, et ciuitates prouincie quas Hengistus occupauit restituit; hunc Hengistum Edol decollauit.

Rex Aurelius Ambrosius. Iste multum studuit circa pacem et religionem, fecitque locum celebrem ubi proceres regni occisi fuerunt et sepulti in playne Salesbiri. Ipse vero misit fratrem suum Uter cum Merlino in Hybernia pro Corea Gygantum, id est Stanhengles. Victo rege Gillomanio ab eis, statim ascenderunt in montem Killaraum ubi corea erat, quibus Merlinus dixit, 'O iuuenes fortissimi, deponite lapides,' qui nichil preualebant. Merlinus eos leuiter arte sua deposuit et in loco quo nunc sunt illos collocauit. Quo die rex Aurelius iterum coronatur ibi, et archiepiscopatum Eboraci ⟨concessit⟩ Sampsoni viro illustri et Urbem ⟨Legionum⟩ Dubricio viro sanctissimo.

Rex apud Wyntoniam infirmabatur. A⟨u⟩diente hoc Pascencio filio Wortigerni misit Eopam qui se finxit medicum et habitu monachali regem occidit. Qui sepultus est in cimiterio Coree. Successit Uter frater eius.

---

verbum responderunt. Tunc ait Merlinus, 'Haurite stagnum per riuulos et
7ra videbitis in fundo duos concauos lapides,/ et in hiis duos dracones
dormientes.' Foderunt sic et inuenerunt. Admirabantur eciam cuncti in eo
tantam sapienciam, existimantes numen esse in illo.

   (C/327–32) Tempore illo hec et plura alia prophetauit Merlinus, regnante
in Britannia Hengisto Saxone. Commorante in Cambria Vortigerno, tunc
265 Aurelius Ambrosius regnans Hengistum interfecit et Vortigernum infra turrim
comburi fecit. Cuius tempore per artem Merlini translati fuerunt lapides de
Hybernia qui modo dicuntur Stan[i]hengles.

   (C/333–8) Post Aurelium Ambrosium regnauit frater suus Uterpendragon
nomine, qui genuit Arthurum ex Ingerna uxore Gorloys ducis Cornubie,
270 quem statim post fecit interficere, et voto suo potitus cepit illam in uxorem,
de qua genuit filium et filiam, scilicet Arthurum et Annam. Iste vero Uter
deferebatur ad prelium in feretro ad Sanctum Albanum.

C/327   On MS placement of Cc notes from here on, see Textual Notes (p. 98).
C/330–2 *Urbem* ⟨*Legionum*⟩ in Cc 'Rex Aurelius…': in *GM* §44 *Urbs Legionum*
         means Caerleon, but at HE/384 *Ciuitatem Legionum* could be Chester or
         (in the original story) Leicester.

Frater suscepit, perpessus prelia dura,

335 Pendragun Uttredus, Arthurum qui generauit

Gorlois uxore quem pro muliere necauit.

Defunctoque duce voto rex iste potitus

Ex tunc Ingerne iunctus fit amore maritus.

Arthurus regni post patrem culmina nactus

340 Anglorum curam bene gessit non stupefactus.

Subdidit hic terras sibi plures bella mouendo,

Securum gladio regnum proprium faciendo.

Induperatorem Rome binosque gigantes

Bello deuicit et prelia quosque parantes.

Huic **Aurelio** successit frater suus Uttredus Pendragon, per quem Gorloys comes Cornubie in castro suo occisus est, causa uxoris sue, cui postea eo defuncto nupsit et genuit ex ea filium nomine Arthurum et filiam Annam nomine. Quare autem vocatur Utredus Pendragon? Quia iussit fabricari duo dracones ad similitudinem draconis que⟨m⟩ ad radium stelle inspexerat, qui unum optulit in ecclesia Wyntonie proprie sedis et alterum ad defen-

dendum in prelia retinuit. Ab illo tempore vocatus fuit Uttredus Pendragon, **quod** Britannice dicitur caput draconis. Annam vero sororem Arthuri desponsauit Loth, dux Karlioli, quem misit contra barbaros rex, sed Britones sibi inobedientes repressi sunt sepe, quod audiens rex fecit se in feretrum Heli ⟨portari⟩: obsedit barbaros Verolamia; viriliter eos vicit. Tandem ab eis toxicatus est et sepultus in cimiterio Coree Gygantu⟨m⟩ iuxta fratrem, scilicet Aurelium Ambrosium.

Mortuo Uterpendragon filius suus Arthurus duodecim annorum a Sancto Dubricio archiepiscopo coronatur, circa incarnacionem Domini DXL.

(C/339–58) Quo veneno interfecto Arthurus rex efficitur, qui multa mirabilia fecit. Solus Frollonem interfecit, et subdidit sibi plures prouincias,

275 videlicet Hyberniam, Islandiam, Gotlandiam, Orcadem, Norwegiam, Daciam, et Galliam, cum multis aliis prouinciis. Hic commisit prelium cum duobus gigantibus, cum uno in Hybernia et cum alio in Gallia, et Lucium imperatorem

7rb Rome, qui ab eo tri/butum exigebat, in partibus Gallicanis deuicit. Interim nunciatum est ei Modredum nepotem suum cui curam commiserat Britannie

280 eum prodidisse, et reginam violato iure priorum nupciarum eidem copulatam

---

C/335   *Uttredus:* a northern name at this time, it is the poet's adaptation of *Ut(h)er* in HE and *GM;* Cc has *Uter* in 'Rex apud...' (note to C/330–2), *Ut(t)redus* in 'Huic Aurelio...' (note to C/333–8).

C/333–8   *Heli* ⟨*portari*⟩ in Cc 'Huic Aurelio...': in *GM* §141 Uther is carried on a bier to the siege at Verolamium (St Albans), and it is there that he is later poisoned (§142); thus Cc *Heli* (usually 'Ely') is hard to explain. Emendation to *el⟨euar⟩i* is attractive, but *portari* has the support of De.

C/339–50   Cc 'Mortuo Uterpendragon...': see Textual Notes (p. 99).

345 Curam Modredo regni dedit ipse nepoti

Et cum regina iussum regno dare toti.

Cum mare transisset Arthurus, prelia plura

Committens, mouet hunc audita relacio dura:

Modredus cum regina, minus ambo periti,

350 Conueniunt coitu, violato iure mariti.

Arthurus rediens voluit punire nocentes,

Cui cum Modredo stantes dant prelia gentes.

Hec regina timens templum subiit monacharum,

Inter quas degens habitum suscepit earum.

355 In primo bello Wallinus obit: fugientem

Modredum sequitur Arthurus morte cadentem. /

19v Saucius Arthurus erat illic, suscipiebant

Quem bene Wallenses, sed non curare valebant.

De Modredo nepote Arthuri cui commisit uxorem suam conseruandam cum in longinquas partes cessisset. Iste Modredus frater Galwini fuit, filius sororis Arthuri quam desponsauerat Loth dux Karlioli. De regina et Modredo qui simul coitu conueniebant.

Quod regina Gwentaro nomine timens ob malum quod fecerat fugit in templum Julii martiris ad Urbem Legionum inter **monachas** caste viuere promittens habitum suscipiens.

Bellum inter Arthurum et Modredum. In primo bello Walwinus occiditur; in secundo occisus fuit Modredus, et Arthurus letaliter wlneratus. Anno incarnacionis Domini DXLII [ann].

fuisse. Unde diuertens Arthurus in Britanniam commisit bellum cum Modredo, in quo occiditur Walwanius, tamen Modredus in fugam compulsus est. Regina vero audito aduentu Arthuri adiit Urbem Legionum et inter monachas conuersata est, vitam et habitum earundem suscipiendo. Insequitur

285 autem Arthurus Modredum et commiserunt prelium, in quo concidit ille proditor Modredus et multa milia secum, et Arthurus letaliter vulneratus est, et ad wlnera sua sananda in insulam Awallinis est euectus.

C/339–50 Cc 'De Modredo…, De regina…': the scribe appears to be copying marginal directions. See Textual Notes, p. 99.
C/346 Et…toti: 'and, along with the queen, (the right) to give command to the whole realm'
C/349 periti: 'virtuous' (cf. C/530 perite)
C/352 Cui: Arthur
C/355 Wallinus (HE/282 Walwanius): 'Gawain'; Cc uses both G- and W- spellings.
C/356 cadentem: proleptic
C/358 Wallenses: no other version has the Welsh looking after Arthur. HE/287 at first had awallnis, corrected to a wallinis (instead of the correct awallonis 'Avalon'). The corruption is no doubt the source of the poet's Welsh.

Qui Constantino cognato iura regendi

360   Regni concessit, cum spes foret huic moriendi.

Hunc infestarunt Modredi postea nati,

Sed per eum tandem fuerant ambo superati.

Patriciumque Dauid sanctos tunc terra colebat:

Unus Hybernenses, Wallenses alter agebat.

365   Post hec Aurelius Conanus sceptra subiuit,

Quem post terdenos annos populus sepeliuit.

Arthuro letaliter vulnerato, Constantino cognato suo filio Cadoris ducis Cornubie dyadema Britannie concessit, contra quem filii duo Modredi insurrexerunt, quos ille insecutus alterum Wyntonia, alterum Londoniis trucidauit. Tempore cuius floruerunt Sancti Dauid archiepiscopus et Patricius, anno etc. DXLII. Constantinus regnauit tribus annis.

Hic Constantinus interfectus fuit a Conano nepote suo et sepultus in Corea Gygantum.

Post Constantinum regnauit Aurelius Conanus mire probitatis iuuenis. Regnauit triginta annis et amplius.

(C/359–66) Constantino autem cognato suo concessit dyadema Britannie anno Domini quingentesimo quadragesimo secundo. Regnante autem Con-
290   stantino insurrexerunt in eum Saxones et duo filii Modredi, quorum unus Londoniam, alter Wintoniam optinere ceperunt. Quod demum Constantinus insequens interfecit et Saxones sibi subiugauit. Tempore predicti Constantini floruit Sanctus Dauid in Wallia et Sanctus Patricius in Hybernia. Cui Con-
7va   stantino successit / Aurelius Conanus, qui regnauit triginta annis.
295   (C/367–72) Cui successit Vortiporius, qui regnauit quatuor annis, in quem insurrexerunt iterum Saxones, sed eos superauit. Cui successit Malgo, qui optinuit totam insulam cum sex comprouincialibus insulis, scilicet Hybernia, Hyslandia, Gotlandia, Orchadia, Norwegia, et Dacia. Post quem regnauit Carecius, cuius tempore missus fuit Sanctus Augustinus a beato Gregorio
300   papa ut predicaret verbum Dei Anglicis. In cuius aduentu occisi fuerunt apud Leycestriam per Edelfridum regem Northumbrorum monachi et heremite mille ducenti qui illuc venerant ut pro salute populi orarent.

C/360   *spes:* 'expectation'
C/364   *agebat:* 'guided'
C/365   *Constantinus interfectus fuit a Conano* in Cc 'Hic Constantinus…': this is wrong. In *GM* Conan imprisons his uncle, who should have ruled after Constantine, and kills his sons; the slip was easy, as Constantine was in fact Conan's uncle.

Post Vortiporius, post Malgo, corpore fortis,
Qui plures vicit dire discrimine sortis.
Post hunc Caretius, directus tempore cuius
370 Est Augustinus terre releuamen ad huius.
Ac per Edelfridum monachi, necnon heremite,
Milleque ducenti consummant tempora vite.
Post hunc Cadwallo rex fit modicoque regebat
Tempore, nam populus hunc totus despiciebat.
375 Qui pro multiplici iactura quam tolerauit
Absque cibo triduum ieiunus continuauit.

Vortiporius regnauit, contra quem Saxones maximum nauigium ex Germania conduxerunt, sed illis deuictis monarchiam regni quatuor annis pacifice regnauit.

Iste Malgo regnauit tyrannorum depulsor. Hic eciam Hyberniam, Gothlandiam, Orcades, Norwegiam, Daciam diris preliis sue potestati adiecit. Hic sodomita fuit. Iste Carecius amator ciu⟨il⟩ium bellorum inuisus Deo et Britonibus, cuius inconstanciam comperientes Saxones et fidem ei mencientes Gormundum regem Affricanorum super eum conduxerunt, cuius inquietacione patria e⟨s⟩t ciuibus erepta, et ille indecens expulsus.

Huius Carecii tempore mittitur Sanctus Augustinus in Angliam ad predicandum fidem. Iste Edelfridus fuit rex Northumbrorum, qui edicto Edelberti regis Cancie collegit magnum excercitum ut expugnaret Britones et ceteros qui contempnebant Augustinum et doctrinam eius, et inito bello cum eis ad ciuitatem Legcestrie preualuit. Capta autem ciuitate super eos, multos religiosos qui illuc aderant ut orarent pro populo suo, causa horum aduentus cognita, cum ceteris iussit trucidari; qui postea Bangor petens a Britonibus illis wlneratus est et in fugam propulsus ibi, et ex suis ibidem decem milia et lxvi corruerunt.

Et nota quod in ciuitate Bengor erat quedam abbathia in qua fuerunt septem porciones monachorum et totidem priores, **quod** in una quaque porcione non erant minus quam trecenti monachi qui labore manuum suarum seruiebant. Abbas eorum Dynooc vocabatur. Omnes isti et quam plures alii heremite [sunt] iussu Edelfridi regis Northumbrorum apud Leicestriam **citra** mccc sunt martirizati.

De Cadwallo rege, qui nolens Edwinum fratrem suum regem fieri in Northumbria sine licencia eius, diadema regale prouincie predicte cepit, et audiens Cadwallo contra illum congressus est cum magno exercitu. Sed Edwinus triumpho potitus est. Ille vero nescius quid faceret, occupauit eum tantus dolor pro prodicione suorum et periclitancium in mari cum ad regem Armorica<no>rum vela dirigerent pro auxilio petendo, et tribus diebus et noctibus sine cibo infirmatus iaceret, quarto autem die cepit eum cupiditas edendi carnem ferinam, etc. ut infra patet. Veniens tandem ad regem Salomonem A⟨r⟩moricanorum,

---

C/371–2   HE/300–2 (see p. 52, opposite) and the poem give the impression that this was a pagan-Christian conflict; Cc 'Huius Carecii…' gives the *GM* version.
C/373   HE, the poem, and Cc omit Cadwanus (*GM* §190), Cadwallo's father.
C/373–88   Cc 'De Cadwallo rege…': note that Cadwallo and Edwin were not brothers; for *et tribus* (in fifth line of this note) perhaps read *ut tribus*.
C/374   The poet's addition.

Denique post nimiam releuatus mente ruinam
Appeciit multum carnem prandere ferinam.
Armigerum petere proprium iubet ipse Brianum
380 Mandere quod posset, velit ipsum si fore sanum.
Qui se nil capere venando cum bene vidit,
Frustrum iam carnis proprio de femore scidit
Et tulit assatum domino, quo dum saciatus
Esset, conualuit cito post triduum releuatus.
385 Ipse duos reges morti dedit ense suorum,
Edwinus necnon Offricus nomina quorum.
Oswaldum sanctum per eum rex Peanda necauit,
Bello sed Peandam rex Oswinus superauit.

exponens ei causam aduentus sui, idem rex acquieuit ei in omnibus. Cadwallo reuertens petiuit Northumbriam super Edwinum. Edwinus autem omnes regulos Anglorum sibi associauit in campo qui dicitur Hedfeld; bellum cum Britonibus commisit, in quo prelio interficitur Edwinus et totus fere populus quem habebat. Deinde occidit Offricum successorem Edwini, et Peda rex Merciorum Oswaldum sanctum loco predicto interemit iussione

Cadwalli. Quem Peandam Oswinus iuxta fluuium Twede cum triginta ducibus occidit. Oswinus fuit frater Sancti Oswaldi.

Scilicet, Cadwallo occidit Edwinum filium Edelfridi et filium suum Offridum in campo Heuenfeld et multos alios. Offrido successit Sanctus Oswaldus, quem Peanda rex Merciorum interfecit in loco qui Bur vocatur. Cui successit Oswi frater eius, qui occidit Peandam. Peande successit filius eius Wlfredus, qui cum Oswi pacem iniit iussu Cadwallonis.

Huius Cadwallonis corpus Britones balsamo conditum in quadam ymagine enea ad mensuram statue sue posuerunt, ymaginem autem illam super eneum equum armatam super occidentalem portam Londonie erectam in signum victorie et ad terrorem Saxonum statuerunt.

(C/373–88) Post Carecium regnauit Cadwallo, qui expulsus fuit a regno per Edwynum qui post eum regnauit. Ipse Cadwallo post amissionem regni et 305 sociorum suorum infirmabatur, ut tribus diebus et noctibus cibo non vesceretur. Quem demum tanta auiditas carnem ferinam comedendi arripuit, ut vocato Briano seruo suo preciperet quod huiusmodi carnem venatu adquireret et ad appetitum suum saciandum sibi adferret. Qui insulam illam circuiens, minime autem re-

C/382   *Frustrum = frustum,* a common spelling (cf. C/498 *frustro*).
C/386   *nomina quorum = quorum nomina (fuerunt).*
C/387   *per:* 'on behalf of' (cf. HE/315–16).
C/388   *statue* in Cc 'Huius Cadwallonis…': *GM*'s *stature* would be better. On MS placement of this note see Textual Notes, p. 99.
C/385–8 Cc is partly right, partly wrong, on the Northumbrian battles. In *GM* Edwin is killed at Hedfeld (= Hatfield), as Cc says in the top note on the present page, not Heavenfield (as Cc has it in 'Scilicet, Cadwallo…'), which is

Hinc Cadwalloni successit filius eius

390 Cadwaladrus, regnum cuius fit tempore peius.

Tot sunt namque viri famis discrimine victi,

Defunctos quod non poterant sepelire relicti.

Sic sine leticia Britannia tota silebat

Annis undenis, quoniam mala multa ferebat.

395 Litore Cadwaladrus compulsus in Armoricano

Audiuit vocem dicentem carmine plano:

'Romam perge cito, papam pete, crimina nosce,

Et de commissis ab eo veniam cito posce.'

Iste Cadwaladrus filius Cadwallonis, cum duodecim annos post sumptum diadema preterisset, in infirmitatem cecidit. Discidium inter Britones ortum est; fames dira et mortis lues consecuta est. Tandem Cadwaladrus cum nauigio Armorica petens ad regem Alanum Salomonis nepotem, a quo digne susceptus est, predicto populo roborato, recordatus Cadwaladrus regni sui auxilium ab Alano rege peciit, ut regno suo re-

stitueretur. At cum talia impetrasset, intonuit ei vox angelica ut ceptis desisteret et Romam pergeret et ibi vitam finiret, quod et factum est. Tunc filium suum Yuor ac Yni nepotem

---

periens quo domini sui affectui subueniret, utens noua venandi arte scidit femur
7vb suum et quendam frustum carnis abstraxit, quod super / veru torritum ad regem
pro venacione portauit. Rex autem ea vescens tanquam carne ferina saciatus
statim hillarior factus est et post tres dies totus sanus. Cadwallone autem expulso regnauit Edwinus; post Edwynum regnauit Offricus. Quos Cadwallo in
diuersis preliis interfecit et regni gubernaculum iterum adquisiuit, et omnes
315 Anglos et Saxones inauditis tormentis affecit. Necnon Sanctum Oswaldum
regem Northhumbrie a Peanda rege Merciorum, id est Lyndesay, fecit interfici.
Post Oswaldum successit Oswinus, qui diuino auxilio interfecit Peandam.
    (C/389–402) Mortuo autem Cadwallone successit Cadwaladrus filius suus
in regnum. In cuius tempore tanta erat fames ut tocius cibi sustentaculo vacuaretur prouincia, excepto artis venatoris solacio. Que fames ac pestifera lues
320 tantam strauit multitudinem populi quantam non poterant viui humare. Unde
Britannia rege et Britonibus per undecim annos desolata facta est. Saxones
vero qui in ea morabantur sine intermissione moriebantur. Cadwaladrus in
Armoricano litore compulsus audiuit vocem angelicam ut classem pararet et
325 ceptis suis desisteret, et Romam ad Sergium papam ad penitenciam peragen-
8ra dam adiret. Nolebat enim Deus Britones in insu/la[m] Britannie diucius regnare

---

where Oswald defeated Penda. In the top note (on p. 54, opposite) Cc says Penda
killed Oswald *loco predicto* (i.e. Hatfield), whereas according to *GM* it was at
Burne (*Bur,* as Cc has it in 'Scilicet, Cadwallo...'). Oswin killed Penda at
Winwed, which Cc (top note, p. 54), like one other commentary, calls Twede, a
more familiar name. The sense of *i. Lyndesay* (of Mercia) in HE/316 is not clear.

Nec mora Cadwaladrus monitus Romam
                                    properauit,
400 Consilio pape quo degens crimina lauit.
     Mortuus est et ibi qui celica regna subiuit,
     Romanus populus deuote quem sepeliuit.
     Yuor et Ini tunc non Anglos iure regebant,
     Regni subiectos quia nequiter afficiebant.

405 Post Edelstanus rex regni iura regebat,
     Qui de Saxonibus primus dyadema ferebat.
     Hic rex deuotus cupiens intendere paci /
20r Canonicis tribuit Aumunderneys Eboraci.

ad reliquias Britonum regendas direxit, qui Anglos inquietaue-runt, sed non profecerunt, atque ex tunc solum in Wallia commo-rantes non Britones sed Wallen-ses nuncupantur. Demum Saxo-nes abiecto dominio Britonum toti Loegrie imperabant. Confir-matur autem Rome Cadwaladrus a beato papa **Sergio**: inopinato correptus langore, xii Kal. Maii migrauit ad celos, anno ab in-carnacione Domini DC septua-gesimo nono. Ab illo tempore potestas Britonum in insula cessauit, et Angli regnare cepe-runt, et insula dicta est Anglia. Hic fuit regnum Britonum.

Iste Yuor fuit filius Cadwaladri; Ixix annis Anglos vexabant sed nichil profuerunt, quo-niam Angli sapiencius agebant, inter se pacem habebant. Yuor et Ini. Iste Ini fuit nepos Cadwaladri.

Iste Edelstanus primo fuit dux Saxonum cum dominarentur Saxones, et postea primus rex Saxonum optinens monarchiam tocius Anglie. Iste contulit Aumondernes canonicis Eboraci quam emit a paganis.

antequam tempus illud venisset quod Merlinus Arthuro prophetauerat se per meritum sue fidei insulam in futuro adepturum. Tunc Cadwaladrus abiectis mundialibus venit Romam et quod angelus ei preceperat perfecit, et ibi anno
330 VI^cLXXXIX° a contagione carnis solutus celestis regni aulam ingressus est.
     (C/403–4) Filius autem suus Yuor et Yni nepos suus gentem Anglorum per lxix annos seuissima inquietacione affecerunt, sed non multum profuerunt. Et sic abiecto dominio Britonum Saxones regnauerunt cum duce Adelstano, qui primo inter eos dyadema portauit. De quo et regnantibus et sibi succeden-
335 tibus Willelmus de Nouo Burgo et Henricus de Huntingdonia in suis tractati-bus locuti sunt.

C/405   HE and the poem go straight from the Britons to the West Saxon dynasty,
          ignoring the heptarchy. Following a hint in *GM*, Adelstan has been supplied
          as the father of Egbert (Edelbert in HE and C). See Introduction, p. 13.
C/407–10 For the charter (of the tenth-century Athelstan), see D. Whitelock, *English
          Historical Documents ca 500–1042*, 2nd ed. (London 1979), pp. 548–51.
          By 1066 Amounderness in Lancashire had fallen into the hands of Tostig,
          earl of Northumbria, and York made no claims on it.

Cum bene fecisset rex ipse quod antea dixit,
410 Cartam signauit; modico post tempore vixit.
Eius Edelbertus natus de morte timendo
Francigenis fugit, quo vixit amara cauendo.
Denique tres reges rediens occumbere fecit,
Quorum conflictus ipsum patria male iecit.
415 Qui cernens finem vite presentis obiuit,
Cuius Adelwlfus natus diadema subiuit.
Hic Romam missos pergens inuisere sanctos,
Deuote cuique centum dedit ille besantos,
Et domino pape centum donauit ibidem:
420 Restat adhuc debitum quod rex dat munere
                                    pridem.

Quod sic incipit: Fortuna fallentis seculi.

Edelbertus filius Adelstani regnauit, quem predecessor Edbrictric et Offa **rex** Mercie exularunt usque in Franciam tribus annis; quo reuerso vicit Benwulf regem Mercie et regem Dacorum cum omnibus exercitibus eorum. Regnauit xxxviii annis.

Iste Adelwlfus erat episcopus apud Wyncestriam primus, et mortuo patre Edelberto necessitate cogente factus est rex et uxore conducta genuit quatuor filios, ut dictum est, et eciam primus erat qui Deo et ecclesie decimas dare incepit.

Adelwlfus filius Edelberti regis, qui decimam partem tocius regni sui propter amorem Dei dedit; ab omni seruitute regali et tributo liberauit ecclesiam, et pro anima sua [et] sic Romam perrexit et uno anno ibi moratus est. Regnauit annis xvii, Westsexe prouincia.

(C/405–10) Adelstanus fuit primus rex de Saxonibus qui regnauit in Anglia post Cadwaladrum. Ipse vero Eymundernes a paganis emit et in perpetuam elemosinam ecclesie Sancti Petri de Eboraco dedit et priuilegio con-
340 firmauit quod sic incipit: 'Fortuna fallentis seculi,' et modicum vixit.
(C/411–15) Post mortem autem Edelbertus filius suus fugit in Franciam tempore Karoli Magni propter metum aliorum regum. Rediens Ethdelbertus in Angliam infra octodecim annos occidit tres reges, et postea regnauit in /
8rb pace nouem annis, et mortuus est.
345 (C/416–20) Adelwlfus vero filius Edelberti deuocionis causa Romam venit, et coram papa Leone optulit Sancto Petro de unaquaque domo unum

---

C/410   *modico...vixit:* HE/340 and the poem misunderstand the opening of the
           charter as cited in *WC* (not the modern editions): 'Fortuna fallentis saeculi
           hic modico tempore luxit.'
C/411–15   This is the Egbert of history, also called Edelbert by *JB.*
C/412   *Francigenis:* dative of direction (cf. C/19 *Grecis*).
C/417–18   *missos:* 'apostles'; *besantos:* 'bezants'
C/420   *debitum:* i.e. St Peter's pence
HE/335   For *GM*'s William of Malmesbury, HE substitutes William of Newburgh,
           GM's fiercest critic.

Quatuor hic natos genuit virtute potentes:

Ipso defuncto vixerunt quique regentes.

Baldus erat senior, Eddeque secundus eorum,

Cuius Edelbertus frater sequitur, via morum.

425   Ipse nouem campo cum Danis prelia gessit,

Et Christi seruo semper victoria cessit,

Deuotum regem Christo quem dico fuisse:

Noluit hic ante finem discedere misse.

In missa regem Danorum turma citauit,

430   Finita missa cum paucis quos superauit.

Adelwlfus genuit quatuor natos, qui omnes successiue regnauerunt: Baldus, Edde, et Edelbertus, qui pugnauit cum Danis, qui omnes post eum reges fuerunt in West-sexe. Adelwlfus regnauit xix annis.

Defuncto Adelwlfo sepultus est Wyntonia, cui successit Adelbaldus qui regnauit tribus annis; quo sepulto apud Schireburne successit Edelbertus vel Edelbrictus, qui quinque annis regnauit

et iuxta fratrem suum sepultus est; cuius tempore Sanctus Swythunus Wyntonie episco-pus transiit ad Dominum.

Edelberto successit Edredus, quo regnante magna paganorum classis. Hynguar et Hubba de Danubia ducibus, Britanniam venit, a quibus rex orientalis Sanctus Edmun-dus et reges Northumbrie Obstric et Elle occisi sunt. Regnauit Edredus octo annis.

argenteum, quod usque hodie perseuerat, et trecentos besantes dedit, id est ad lumen Sancti Petri centum besantes, ad lumen Sancti Pauli centum, domino pape centum. Hic sepultus est in Wintonia.

350   (C/421–30) Hic eciam genuit quatuor filios qui successiue regnauerunt: Edde, qui fuit primus monarcha secundum cronica Romanorum; Baldus, qui fuit senior frater, regnauit quinque mensibus; Edelbertus frater eius secundus regnauit quinque annis. Hic sustinuit nouem bella in campo contra Danos in uno anno, et sibi remansit victoria. Hic existens in missa pro nulla re voluit

355   exire ante finem misse, et cum Dani infestarent eum cum esset in missa et ipse noluit exire, post missam cum paucis fugauit eos, et Oseg regem occidit lancea et alium regem gladio, et omnes alii mortui sunt.

C/421–30 *Quatuor...natos:* historically the four brothers were Ethelbald, Ethelbert, Edred, and Alfred; Cc refers to them thus in the notes 'Defuncto Adelwlfo ....' 'Edelberto successit....' and 'Quartus frater...' (the latter on p. 59, relating to C/431–2). HE (lines 351–3 and 358), followed by C and Cc's note 'Adelwlfus genuit....' omits Edred and splits Edelbald into Edde and Baldus to make up the number (though leaving the ordinals inconsistent). Attempts to correct the list are made in other MSS of the poem.

C/424   *via morum:* i.e. a model of behaviour

Alfredus quartus frater post regna subiuit,

Unctum quem regem Leo papa manu redimiuit.

Non erat huic similis aliquis longe neque late

Consilio, sensu, virtutibus et probitate.

435 Hic dedit Edwardo nato regnum seniori,

Qui gratas leges magno dedit atque minori.

Cumbrorum, Scocie, Stregewallorum quoque vicit

Reges, auctorum prout esse relacio dicit.

Tres natos habuit Anglos virtute tuentes.

Quartus frater Alfredus, quem Leo papa unxit in regem, cuius regionem anno septimo regni sui tres reges paganorum occupauerunt quasi locuste, nec [n]ullus eis potuit resistere. Cum autem rex Alfredus nec terram haberet nec spem habendi, tandem confortatus Sancti Cuthberti oraculo contra Danos pugnauit; tempore et loco quo ipse sanctus iusserat victoria potitus est; deinde

Sanctum Cuthbertum precipue honorabat. Regnauit Alfredus ⟨annis⟩ xxix et septem mensibus, sepultusque Wyntonia est in nouo monasterio.

Edwardus filius Alfredi regnauit, qui habuit tres filios, Adelstanum, Edmundum, et Ethelredum. Iste Edwardus rex Westsaxonum regnauit annos xxiiii. Sepultus est Wyntonia.

Isti reges cum suis Edwardum dictum seniorem sibi in patrem et dominum elegerunt, firmum fedus cum eo pepigerunt, anno Domini nongentesimo xx.

(C/431–4) Alueredus frater Adelberti quartus regnauit xxviii annis et dimidio. Hic fuit primus rex in Anglia unctus et accepit coronam de papa

360 Leone anno Domini $M^oDCCCLXXII$; propter hoc dicitur secundum cronica Anglorum primus monarcha. Huic Aelredo non inueniebatur similis in probitate inter principes mundi nec in sapiencia./

8va (C/435–8) Edwardus senior filius Aelredi monarcha successit. Ipse vero leges bonas et optimas edidit anno Domini nonogesimo primo, et regnauit

365 xxiiii annis. Hic deuicit regem Scotorum, qui eius ligius deuenit, regem eciam Cumbrorum et regem Stregewallorum, et posuit regem Scocie. Hoc dicunt Mariotus Conscotus et Rogerus de Howeden in cronicis suis.

(C/439–44) Hic Edwardus habuit tres filios qui successiue regnauerunt,

---

C/437 *Stregewallorum:* 'men of Strathclyde'

HE/360 *$M^oDCCCLXXII$:* roman numerals are a problem for the author/scribe of the *Harley Epitome;* see also HE/387 and Interpolation A.

HE/367 *Mariotus Conscotus:* Marianus Scotus, the chronicler (d. ?1082); he was a major source for John of Worcester, whose history was often ascribed to Marianus in the Middle Ages; *WC* refers to his sections for 1002–1131 (from *JW*) and 1131–54 (from *HH*) as the 'Chronica Mariani.'

440 Primus Adelstanus plures domuit sibi gentes:

E regno regem Scottorum scismate iecit,

Quem sub se regnare diu post prelia fecit,

Plus regem facere dicendo quam fore regem,

Obseruat cuius Constantinus bene legem.

445 Post obitum cuius frater pro rege tenetur

Edmundus iunior, quia regni iura tuetur.

Hic vicit Scottos, Danos tellure fugauit,

Necnon Normannos obstantes qui nece strauit.

Rexit Ethelredus frater rex ultimus horum

450 Annis sceptra nouem, tumulatus honore

suorum.

Hinc annis septem regnauit nomine dictus

Edwinus, sed erat ydiota libidine victus.

Adelstanus frater primus regnauit, et reges occidentalium Britonum, Scottorum, Wentorum, Northimbr(or)um vicit, et omnes regiones quas predecessores sui regno suo adiecerant ipse retinuit, ita quod primus possessor Anglorum tocius Anglie monarchiam gloriose optinuit. Regnauit annis sedecim, et apud Maidulfi urbem sepultus est.

Edmundus frater secundus regnauit quinque annis et septem mensibus. Hic cum dapiferum suum de inimicis ne occideretur **vellet** eripere, ab eisdem interficitur, et apud Glastoniam a beato Dunstano abbate est sepultus. Ethelredus frater tercius regnauit annis nouem, qui cum egrotaret accersiuit beatum Dunstanum, quo medium iter peragente audiuit vocem 'Rex Ethelredus nunc in pace quiescit.' Ethelredo successit Edwinus filius fratris sui regis, et quia insipienter egit, a gentibus suis relinquitur. Edgarus frater Edwini regnauit sedecim annis, qui beatum Dunstanum cum honore de exilio reuocauit.

videlicet Adelstanus, qui fuit senior et regnauit xxvi annis. Ipse Constantinum

370 regem, regem Scocie, regno cedere compulit, quem postea sub se regnare

permisit, dicens 'Gloriosius est regem facere quam regem esse.'

(C/445–8) Edmundus frater eius secundus regnauit septem annis. Hic vicit

Scotos et fugauit Danos de terra et Normannos, et plura nobilia fecit. Hic

vidit apud Cantuariam inter alios unum baronem quem fugauerat, et irruens

375 in eum rex primo prostrauit in terra, at ille prostratus extraxit cultellum et

occidit regem, et exemplum posteris audacie reliquit.

(C/449–50) Ethelredus frater eius tercius regnauit post eum nouem annis,

tempore cuius non rebellauerunt Scoti sed seruierunt.

C/440–4 *possessor* in Cc 'Adelstanus frater...'; 'ruler'; *Maidulfi urbem* (in same
note): 'Malmesbury'

C/452 *ydiota:* the poet has taken *fatuus* (HE/380) in the wrong sense.

Post hunc Edgarus rex fit magne probitatis,

Tres reges Scocie vincens iussu leuitatis:

455 Hic Scocie proceres compulsos voce venire

Londonias positos facit una naue redire.

Post hunc Edwardus signum regale leuauit,

Quem castro de Corf sua fraude nouerca

necauit./

20v Frater Egelredus isti successit adultus;

460 A Dacis victus est Londoniisque sepultus.

Hic apud Wyntoniam sepe-
litur a beato Dunstano.
Beatus Dunstanus ab isto
rege pro ius⟨tici⟩a †sept⁰†
mare transiit, et toto ⟨regno⟩
istius ultra mare moratus est.

Edwardus filius Edgari regnauit, qui et martir recolitur,
et anno tercio regni sui iussu
nouerce sue occiditur, et
apud Werham sepelitur. Huic
Edwardo successit Egelredus
frater eius **rex**, quo regnante
status tocius Anglie misera-
bilis erat.

Hic sepultus est Londoniis
in ecclesia Sancti Pauli anno
regni sui xxxix.

(C/451–2) Edwinus filius fratris sui regnauit post eum septem annis, sed
8vb fatuus fuit et libidine victus; tamen tempore / suo non rebellauerunt Scoti.

(C/453–6) Edgardus frater Edwini regnauit sedecim annis, cuius tempore
floruit Dunstanus. Ipse Edgarus regem Scottorum deuicit et regem Cumbrorum et Maccum regem insularum et alios subregulos ad curiam coactos
per fluuium Dee, qui currit ad Ciuitatem Legionum in Wallia, in pompam et
385 triumphum una naui impositos in patriam remigare coegit.

(C/457–8) Edwardus secundus filius Edugari regnauit tribus annis et
dimidio, anno Domini M⁰XCLXXV. Hic martir per suam nouercam occisus
est dolose in castro de Corfe.

(C/459–60) Edelredus frater Edwardi regnauit xxxvii annis, qui victus fuit
390 a Dacis, et iuste eo quod mater sua occidit fratrem suum Edwardum, et
sepultus fuit in Londoniis.

C/453   Cc 'Hic apud…': the note probably refers to Edwin's reign; on *sept⁰* and
other problems see Textual Notes (p. 99).

C/454   *iussu leuitatis:* 'by a light-hearted order.' Edgar's jest is in making the
Scottish kings row him back along the river (as in HE/382–5), but Dc
makes a pun of it, glossing *reges* 'id est remiges.'

C/454–6   London is the poet's misinterpretation of HE/383 *ad curiam*. The river Dee
runs through Chester, not Caerleon in Wales; in *JB* the story is set in
Leicester on the river *Liee*, modern Leire.

C/457–60   *qui et martir recolitur* in Cc 'Edwardus filius…': 'who is also honoured as
martyr'

Hinc Edmundus dictus Yrinside pro probitate
Rex fit, cui proprie sunt gentes insidiate.
Cum quo Dacorum commisit rex cito bellum
Illesisque suis committitur inde duellum.
465   Pace data regnauit in Ostly rex bene tutus
Edmundus, possedit Merkenrikque Canutus.
Cum foret Edmundus rex cesus prodicione,
Knut perimi fecit homicidas ex racione.
Huius frater erat ex Emma matre creatus
470   Edwardus sanctus per mundum nunc veneratus.
Knut multis annis Anglorum iura regebat,
Plurima qui regna gladio quesita tenebat.

Edmundus Yrinside filius Egelredi regnauit, cum quo Knut rex Dacorum pugnauit: semper Edmundus preualuit, et tandem consilio ducum currentibus internunciis pacem adinuicem pepigerunt et regnum inter eos diuiditur.

Causa autem quare fuit diuisum inter Knutum et regem Edmundum post pacem formatam hec est: mortuo Agelredo duces et quique nobiliores regni Knutum in regem elegerunt et progeniem Agelredi spreuerunt, at ciues Londonie Edmundum Agelredi filium leuauerunt. Quibus auditis Knutus cum excercitu venit contra eum, nec segnius Edmundus occurrit ei, et apud Gillyngham cum eo congressus vicit et in fugam conuertit.

Diuisa est inter Edmundum et Knutum terra, pace formata. Quidam proditor partis Danice sub purgatoria domo sese occultans regem Edmundum inter celanda nature percussit, relictoque ferro ad Knutum confugit. Audiens autem rex quod fecerat, contristatus est valde et eum perimi iussit.

Edmundo successit Knut, qui primo fuit rex Dacorum, moxque fratres, scilicet [Edmundum] Edwardum et Edmundum, in exilium egit. Quorum scilicet Edmundus mortuus est in adolescencia sua. Edwardus vero Agatham filiam **germani** imperatoris Henrici III in matrimonium duxit, ex qua Margaretam reginam Scottorum genuit.

(C/461–70) Edmundus, qui propter probitatem dictus est Yrneside, regnauit duobus annis, anno Domini M^{o}XV. Hic sedicione proprie gentis interfectus est [interfectus est]. Inter istum regem et regem Knut Dacie erat duellum
395   fortissimum coram excercitu. Tandem osculo pacis dato, regnauit Edmundus in Osteley et Knut in Merkenrike. Et cum per prodicionem rex Edmundus esset occisus, Knut vindicauit sanguinem Edmundi et occidit omnes proditores
9ra   suos. Huius frater fuit Sanctus Edwardus Confes/sor, filius Emme.

C/465   *Ostly* (HE/396 *Osteley*) is in no other source; perhaps Osterley Park, Middlesex.
C/469–70   Edmund Ironside was Ethelred's son by Elgiva; Edward the Confessor was his son by Emma, who later married Knut and produced Harald Harthenut.
C/472   *quesita:* 'conquered'

Rex Knut dum vixit, bona terna patrare sitiuit,

Nam bene diminuit quicquid male Roma

petiuit.

475 Ut posset pacem gens Anglica sumere ratam,

Induperatori coniunxit federe natam.

In pelagi ripa rex iste sedile locauit

Precepitque mari regredi, nec sic remeauit,

Et regis madida cum crura forent nimis unda,

480 Rex stetit in sicco sic dicens voce iocunda:

'Quique sciant homines regis pompam nichil

esse,

Sed rex est verus cui constat cuncta subesse.'

Wyntonie moritur post hec insignia terna,

Rex fit et Haraldus residens in sede paterna.

485 Hardeknut huic regi successit; eo moriente

Marginal notes:

Knutus rex Danorum, Anglie, Northeganorum, Romam iuit et Sancto Petro preciosa dona optulit, et a Johanne papa ut scolam Anglie ab omni tributo et thelone liberaret impetrauit, viteque sue et morum emendacionem ante sepulturam apostolorum Deo vouit, quia ante illud tempus paganus erat. Regnauit annis quinque. Haraldus regnauit, filius Knut, quinque annis. Hardeknut regnauit [ann] duobus annis.

Cum duobus annis regnasset, in conuiuio cuiusdam potentis viri qui filiam suam nuptui tradebat, cum letus, sospes et hillaris, cum noua sponsa bibens staret, repente[m] in terram corruit et expirauit et Wlston delatus iuxta patrem suum est sepultus.

(C/471–83) Knut filius Swayn regis regnauit multis annis. Erat autem
400 dominus Dacie et tocius Anglie, tocius Norwegie, et tocius Scocie et insularum, anno Domini M°XVI, et occidit comitem Edricum qui dolose occidit Edmundum Yrneside. Knut rex et monarcha tria fecit laudabilia exceptis bellis. Primo, Romam pergens omnes malas exacciones in villa usque ad medietatem diminui fecit. Secundo, filiam suam imperatori maritauit. Tercio,
405 tercium fuit quod in littore maris sedile suum posuit et mari, cum ascenderet, imperauit, cumque mare pedes eius et crura madefaceret, insiliens ait, 'Sciant

---

C/471–85   *scolam Anglie* in Cc 'Knutus rex...': such 'schools' were hostelries for the reception of pilgrims; for references, see *Two of the Saxon Chronicles Parallel*, ed. C. Plummer and J. Earle (Oxford 1899) II, 69. *thelone* (Cc, same note): 'tax.' Cc gives the wrong length for Knut's reign.

C/485   *Wlston* in Cc 'Cum duobus...': probably Woolston, Hampshire, but in fact he was buried at Winchester (*Winton*').

HE/403   *exacciones:* the charges levied on archbishops who went to Rome to receive the pallium

Edwardus rex fit Confessor, plebe volente.
Dux Northumbrorum Sywardus nomine fortis
Regem Scottorum vicit discrimine mortis,
Et regis natum Cumbrorum constituendo
490 Pro patre Malcolmum, regi fauet ipse regendo.
Wyndesor Edwardus venit de more regentis
Godwinusque comes fuerat conuiua sedentis.
Proditor atque gener verbis fictis fuit eius:
Accidit hinc illi pro tali crimine peius.
495 Hic dixit: 'Regem volui si prodere, Christe,
Panis quem comedo guttur non transeat iste.'
Sed quia t⟨a⟩lis erat, ipsum premit ulcio digna
Nam frustro vitam finiuit morte maligna.

Edwardus frater Edmundi reuocatur de Gallia et rex efficitur. Cuius tempore dux Northumbrorum, gygas pene statura, cum exercitu magno iussu Edwardi regis Scociam adiit et Scottos deuicit, et Malcolmum **regis** Cumbrorum filium, ut rex iusserat, regem constituit. Regnauit rex Edwardus xxiiii annis et Londoniis more regio sepultus. Tempore Haraldi filii Knut, innocentes Alueredus, Edwardus, Agelredi filii de Normannia ad sue matris colloquium venerunt. Quo cognito comes

Godwinus Alueredum, cum versus Londoniam properaret cum rege locuturus, ut ipse mandauerat, retinuit et ad Heli vinctum ducit[ur], ubi post breue tempus de hac luce migrauit. Quo audito mater eorum Edwardum statim Normanniam remisit.

Cum rex et comes Godewinus ad mensam sederent et de fratre regis Alueredo sermo incidisset, rex tristis erat valde. Quod videns comes ait: 'Scio,' inquit, 'domine rex, quod mors eius michi imputatur. Si ita possum hunc morsum traicere, innocens sum a sanguine eius,' et assumpta bucella strangulatus est.

---

omnes orbem inhabitantes vanam esse et friuolam regis pompam, nec quempiam regis nomine dignum preter eum cuius legibus ⟨ce⟩lum ⟨et⟩ terra[m] et mare obediunt.' Hic sepultus est apud Wincestriam.
410 (C/484) Haraldus filius Knut regnauit quatuor annis, nec ausi sunt Scoti rebellare.
(C/485) Hardeknut filius Haraldi regnauit duobus annis.
(C/485–98) Quo mortuo vocatus est in regnum Sanctus Edwardus filius regis Elredi et Emme sororis Willelmi comitis Neustrie. Edwardus tercius
415 qui dictus est Edwardus iustus, filius Elredi, regnauit xxiiii annis cum proceribus regni, anno Domini M°XVIII. Eius iussu Sywardus dux Northumbrie
9rb regem Scotorum / in prelio vita et regno priuauit, et Macolmum filium regis

---

C/490   *Pro patre*: perhaps 'as a father', since Malcolm did not replace his father.
C/491–8   Cc 'Cum rex...' follows a different source in its account of Godwin's death.
C/498   *frustro* = *frusto* (see note on C/382 *frustrum*).

Post hec Haraldus rex fit regnumque regebat

500 Proximus Edwardo, quia rex herede carebat.

Hic a Willelmo Bastard captus trepidauit

Et se facturum spondet quodcumque rogauit.

Cui dedit uxorem pro firma pace sororem

Et pro contractu verum simulauit amorem.

505 Hanc, patriam rediens, Haraldus vilificauit

Sicque remisit eam, quod factum scisma

parauit.

Willelmus factum domino pape referebat.

Haraldum gladio post hec interficiebat

Et fortem mouit Willelmus postea guerram, /

21r Anglorum totam bello subdens sibi terram.

Haraldus regnauit filius Godwini comitis, quem rex ante decessionem regni successorum elegerat, qui mox leges iniquas destruere, ecclesiarum ac monasteriorum patronus cepit fieri, episcopos et religiosos colere simul ac venerari. Tempore suo stella cometis non solum in Anglia sed per mundum totum visa per septem dies fulgebat. Regnauit autem mensibus nouem et diebus totidem, anno Domini MLXVI⁰. Willelmus Bastard occidit Haraldum et cepit Angliam, quia inhonorauit sororem suam, quam pro pace duxit, et propter alias raciones que infra patent. Anno Domini MLXVI⁰.

Cumbrorum [et] regem pro eo constituit. Hic Edwardus cum pranderet apud Windesoriam, Godewinus comes Cancie [comes Cancie] gener suus et prodi-

420 tor recumbens iuxta eum dixit, 'Si est iustus Dominus et verax, hic panis frustulum concedat ne guttur meum transeat, si unquam te prodere cogitauerim.' Qui statim strangulatus mortem gustauit eternam.

(C/499–510) Et eius consulatum tenuit Haraldus filius eius, qui postea rex efficitur et occiditur, quia Edwardus virgo permansit in euum nec habuit de

425 se heredem. Tunc electus est Haraldus filius comitis Godewini, quod erat propinquior regi, qui regnauit uno anno. Hic cum a casu captus esset a Willelmo Bastard, duce Neustrie, iurauit se accepturum sororem Willelmi in uxorem et pacem firmiter stabilire. Et cum redisset in insulam, vilificauit eam et remisit humiliatam. Accessit autem dictus Willelmus ad papam deponens, et signo

430 crucis interfecit Haraldum.

C/503–4   *Cui dedit...sororem...simulauit = cui* (Haraldo) (Willelmus) *dedit* (Willelmi) *sororem et* (Haraldus) *simulauit.* In real history it was William's daughter that Harald promised to marry. *JB* has a story that Harald's sister was to be married to one of William's nobles.

HE/429   *deponens:* 'laying a charge'

Tocius regni Willelmus adeptus honorem

Ut leo corde ferox induxit ubique timorem.

Alredus presul Eboraci nobile scema

Uncto dat regi ponendo manu dyadema.

515 Extitit hec causa quod regnum marte petiuit   *Triplici de causa Willel-*
                                                   mus exquisiuit Angliam.

Anglorum, certo quod non sine iure cupiuit:

Godewinus comes Alfridum quia nomine dictum   *Prima causa.*

Heredem regni fecit succumbere victum,

Et soror illusa fratrem prece sollicitauit,   *Secunda causa.*

520 Quam male periurus Haraldus vilificauit.

Robertus presul, Odo consul, eum monuerunt,   *Tercia causa.*

Exilio quos rex addixit, nec meruerunt.

Tunc regem Scocie Bastard Willelmus adiuit,   *Quod Malcolmus rex*
                                               Scocie fecit homagium
Cum quo Malcolmus rex pacis fedus iniuit.   *Willelmo Bastard.*
                                             Willelmus Bastard, cum
525 Sub iuramento deuenit rex homo regis,   *deberet, dedit regnum*
                                             Anglie Willelmo filio
Perpetuo seruans promisse vincula legis.   *suo medio, et Norman-*
        niam Roberto filio seniori, et thesaurum suum Henrico filio iuniori.

(C/511–26) Willelmus Bastardus primus monarcha de Normannis ab Alredo
archiepiscopo Eboraci coronatus est et regnauit xxi annis. Hic motus fuit tribus
de causis ut veniret in Angliam. Primo, quia Alfridum cognatum suum Gode-
9*va* winus comes et / filii eius peremerunt, qui erat heres Anglie. Secundo, quia
435 Haraldus in periurium lapsus erat pro sorore sua quam vilificauerat, regnum
suum iure inuasit. Tercio, quia Robertum archiepiscopum et Odonem consulem
ab Anglia exulauit. Hic Willelmus Bastardus veniens apud Berewikum accepit
homagium a Macolmo rege Scocie et ab obsidibus de fidelitate seruanda.

C/513   *scema:* 'regalia'
C/523–4   The homage was at Abernethy (HE A26), not Berwick (HE/437).
C/523–6   *cum deberet* in Cc 'Quod Malcolmus…': 'since he had to,' but possibly
           mori has dropped out.
HE/435–6   *regnum suum iure inuasit:* this makes sense with William as subject, but in
           HH Harald is the subject, 'sine aliquo iure inuaserat' (*JB* 958 is similar).
HE A01   On Interpolation A, especially the first line, see Textual Notes (p. 96).
HE A10   *quod* is redundant: 'fearing lest the houses that were near the castles would
           (be used) to fill the ditches'

A01 †Anno Domini M⁰C⁰LXVI⁰ † tempore suo spoliatus est Anselmus Cantuarie,†
A02 cui occurrit rex Haraldus; nondum congregato excercitu suo commisit prelium
A03 cum eo viriliter pugnans; in fine tamen corruit rex et fere nobiliores tocius
A04 Anglie. Eodem anno importabile tributum Anglis imposuit. Anno Domini
A05 M⁰LX⁰ octauo venit rex Willelmus apud Eboracum, ubi fecit duo castella.
A06 Eodem anno venerunt filii regis Swany de Danemarchia cum ducentis nauibus
A07 et applicuerunt in ostio Umbrie, et appropinquantes Eboracum obsederunt
A08 Normannos in castello ibidem ex una parte et Northumbrenses ex parte altera.
A09 Normanni qui custodiebant castella, timentes ne domus que prope castella
A10 erant quod fossas adimplerent, igne eas succenderunt. Ignis vero excrescens
A11 totam ciuitatem et monasterium Sancti Petri consumpsit. Superuenientes huc
9vb inde Dani et Northumbrani eodem die fregerunt castella et plusquam / tria
A13 milia Normannorum trucidauerunt, paucis reseruatis. Reuersi sunt Dani in
A14 terram suam et Northumbrani in locum suum. Quod audiens rex Willelmus
A15 cum excercitu suo Northumbriam adiit et eam deuastauit, ita quod per nouem
A16 annos sequentes lata ubique solitudo patebat inter Eboracum et Dunelmum,
A17 nulla villa inhabitabatur, sed omnia fuerunt bestiarum et latronum latibula, in
A18 tantumque inualuit fames ut homines [homines] equinas et catinas et caninas
A19 carnes comederent. Ecclesia Dunelmie omni ecclesiastico seruicio destituta
A20 erat sicut desertum. Anno Domini M⁰LXX⁰ infinita Scotorum multitudo,
A21 ducente Malcolmo rege, per Cumberlande et Thesdale, Cliuelande et totum
A22 Herternesse occupauit, et omnes terras Sancti Cuthberti rebus et vita priuauit:
A23 villas, ecclesias concremauit; senes et vetule gladii⟨s⟩ obtruncantur; paruuli
A24 ab uberibus matrum in altum proiciuntur et lanceis excipiuntur. Hac crudeli-
A25 tate Scoti delectabantur. Anno Domini M⁰LXX⁰ secundo Willelmus rex
A26 Scociam profectus est; occurrit ei rex Malcolmus apud Abyrnethine et homo
A27 suus deuenit. Reuersus rex de Scocia in Dunelmo castellum condidit. Anno
A28 Domini M⁰LXX⁰IX⁰ rex Scotorum Malcolmus totam Northumbriam usque ad
10ra flumen Tyne deuastauit et cum magna preda rediit. Et in anno / sequenti rex
A30 Willelmus deuastauit Northumbriam, pro eo quod occiderant innocentem
A31 episcopum Dunelmie apud Gatisheuede. Eodem anno castellum super Tyne
A32 condidit. Anno Domini M⁰ octogesimo quarto. Rex Willelmus de unaquaque
A33 hyda per Angliam sex solidos accepit. Hic rex Willelmus Bastardus habuit
A34 tres filios, quorum nomina sunt hec: Robertus Curthose, Willelmus Ruffus, et
A35 Henricus primus. Idem Willelmus rex Roberto filio suo primogenito comita-
A36 tum Northmannie, Willelmo Ruffo dedit regnum Anglie, Henrico dedit totum
A37 thesaurum suum, et sic, postquam viginti annis, mensibus decem, viginti octo
A38 diebus genti Anglorum prefuit, regnum cum vita perdidit, et in Normannia
A39 sepultus requiescit.

Willelmus Bastard mortis certamine victus
Cessit. Willelmus Rufus est regnoque relictus.
Qui regem Scocie Malcolmum cedere vite
530 Iussit, nam spreuit ipsi parere perite.
Robertus Curthose dinoscitur huic fore frater,
Quod fuit ambobus idem pater ipsaque mater.
Sumeret ut curam regni persepe rogatus
Extitit ipse comes, fuit hic senior quia natus.
535 Quod rex ne fieret buzekarlos classe iubebat
Ut pelagus seruent, fratrem quia corde timebat.
Classis predicte pars maxima mergitur unda,
Applicuitque comes, aura perflante secunda.

Willelmo Bastard mortuo successit ei Willelmus Rufus filius suus, ad quem Malcolmus rex Scocie venit, sed Willelmus eum videre aut cum eo loqui despexit, et postea rex Malcolmus et primogenitus eius Edwardus in **Northumbria** a militibus Roberti comitis Northimbrum occisi sunt. In tempore h(u)ius regis in sole, luna, et stellis multa fiebant signa: mare litus sepe **egrediebatur**, homines et animalia et domos subuertebat. Ante occisionem regis sanguis de fontibus tribus ebdomadis emanauit, nec mirum,

nam illius tempore omnis legum siluit iusticia causisque sub iusticia positis sola in principibus imperabat pecunia. Regnauit tredecim annis; Wyntonie est sepultus.

(C/527–8) Mortuo autem Willelmo Bastardo, Willelmus Ruffus filius
440 duodecim annis regnauit, statim Angliam rediens et in Westmonasterio a
Lanfranco Dorobernie archiepiscopo in regem consecratus est.
    (C/529–30) De mandato huius Willelmi interfectus est Malcolmus rex
Scocie in Northumbria cum filio suo primogenito Edwardo per Morellum
militem strenuissimum, eo quod nollet licite regi obedire.

C/527–54   *causisque...positis* in Cc 'Willelmo Bastard....' (second-last line): 'when
           cases were brought to justice' or 'when cases at judgment had been set aside'
C/529   *cedere vite:* see note on C/56.
C/530   *perite:* 'honourably' (cf. C/349 *periti*)
C/531–78   This section of the poem corresponds to HE only at C/553–4 and 565–8 (both
           well-known events); WC probably represents Ur-HE at 555–64 and 569–78.
C/531–2   Robert threatened to invade but never in fact landed.
C/535–8   This response to a threat of invasion by Robert is usually assigned to the
           reign of Henry I. C/535 *buzekarlos:* 'barges'

Primitus inter eos dissensio maxima seuit,

540 Hocque modo cuncta subito lis orta quieuit,

Ut quisquis fratrum moriens herede careret,

Pro se defuncto ius viuus frater haberet.

Trans mare Robertus ad propria cumque redisset,

Penituit regem de facto quod pepigisset,

545 Et fratri scripsit pactum se nolle tenere

Quod fuit inter eos, velud hostem seque cauere.

Arguit inde comes regis tantam leuitatem

Atque reseruat ei pro viribus asperitatem.

De discordia inter fratres orta, sopita sub forma infra scripta.

B01 Idem Willelmus fratrem suum Robertum Curthose, ducem Neustrie, post
B02 reditum ipsius Roberti de Terra Sancta, ubi tot fecit victorias, in prelio cepit
10rb et in quatuor partes exsecari fecit./ Hoc accidit ei quia renuit regiam potesta-
B04 tem et bella Domini, quoniam electus fuit rex Jerusalem et conquisiuit
B05 Antiochiam et Terram Sanctam et Daciam. Anno Domini M⁰ nonogesimo
B06 tercio Willelmus rex apud Glouerniam infirmatus promisit Deo leges corrigere
B07 et rectas statuere, nec amplius ecclesias molestare. Eodem anno ecclesia noua
B08 Dunelmie est incepta III Ydus Augusti feria quinta, episcopo Willelmo et
B09 Malcolmo rege Scotorum et Torgoto priore ipso die ponentibus primos in
B10 fundamento lapides. Rex Scotorum Malcolmus et primogenitus eius Edwardus
B11 cum suis excercitibus in Northumbria a militibus Roberti Northumbrorum
B12 comitis apud Alnewikum occisi sunt; iusto Dei iudicio in illa prouincia
B13 occubuit. Cuius morte cognita regina Scotorum Margareta tristicia affecta
B14 vitam post triduum pace finiuit. Mortua autem regina Douenaldum fratrem

---

C/540–8   No chronicle records a written retraction of the agreement by Rufus, but
            he did invade Normandy again.
HE B01–05 Some of this corresponds to *WC*; it relates to the reign of Henry I.
HE B03   *in quatuor partes exsecari:* a phonetically interesting error for *in carcere*
            excaecari (as in *WC*).
HE B03–04 *renuit...Domini:* Robert's refusal to be king of the Holy Land was inter-
            preted as an abandonment of the Crusade.
HE B05–21 *Anno...constituerunt:* little of this is in *WC*.

In pignus cessit contractu Neustria rato
550 Regi pro censu nimio comiti numerato.
Hec comiti terra nunquam rediit repetenti,
Propria sed regi fuit hac racione tenenti.
Venandi causa tum rex caute minus iuit
Willelmus; telo percussus fata subiuit.

555 Henricus primus regnauit, frater eorum,
Fortiter in gladio defendens iura suorum.
Francorum regem committens prelia vicit
Atque rebellantes Scottos, ut littera dicit.
Tunc Northumbrorum plures strauit perimendo
560 Willelmus Scocie rex nullius miserendo, /
21v Milicie plures Eboraci quem tenuerunt
Alnewyk in villa, regi missumque dederunt,
Qui pergens Romam, Scocie quos fecit abire
Pontifices monitu regis facit ipse redire.

Post Willelmum Rufum Henricus primus frater suus regnauit, qui vicit regem Francorum et regem Scottorum qui vastauit Northumbros, quem milites comitatus Eboraci tandem ceperunt. Cum rex Henricus a venatu quadam die redisset, contra prohibicionem medici comedit carnes murenarum que semper ei nocebant, et mox subeunte febre a vita decessit. Regnauit xxxv annis.

B15 regis Malcolmi Scoti sibi in regem elegerunt et omnes Anglos de curia regis
B16 [fuerunt] de Scocia expulerunt. Quibus auditis filius regis Malcolmi Dunechan
B17 fecit Willelmo regi Anglie fidelitatem et iurauit, ut sibi concederet regnum
B18 patris sui, et rex cum multitudine Anglorum et Normannorum adiens patruum
10va suum expulit de regno, et loco eius regnauit Dunechan. Sed / cito post regem
B20 suum Dunechan ortatu Duuenaldi per insidias peremerunt, et illum sibi regem
B21 rursum constituerunt.

C/549–52   Robert, about to set out on crusade, pledged Normandy to Rufus for
            10,000 marks.
C/555–64   The poem, partly followed by Cc 'Post Willelmum....' here follows WC
            in the account of the capture of William of Scotland at Alnwick and his
            restoration of the Scottish bishops, an event that properly belongs to the
            reign of Henry II (as the dates in WC show).

445 (C/553–4) Anno Domini ⟨M⁰⟩C⁰ rex Anglie Willelmus iunior, dum in
Noua Foresta, qui Anglice Ytene dicitur, venatu fuisset occupatus, a quodam
Franco milite Waltero Tyrrello sagitta incaute directa percussus vitam finiuit,
et in Wyntoniam delatus in ecclesia Sancti Petri tumulatur.

(C/555–64) ⟨Henricus primus, frater Willelmi Ruffi, regnavit 36 annis; hic
450 devicit regem Franciae in bello et plura commendabilia fecit. Tempore huius
Scoti rebellare coeperunt, et male eis accidit. Occisi enim sunt, capti et miserabiliter deducti. Anno Domini M⁰C⁰LXXX⁰IIII⁰. Willelmus rex Scotorum
stragem exercuit in Northumbria, cui occurrentes milites comitatus Eboracensis apud Alnewikum ipsum Willelmum ceperunt et regi tradiderunt. Anno
455 Domini M⁰C⁰LXXX⁰VII⁰ venit Willelmus rex Scotorum per mandatum regis
Angliae, cuius admonitione concessit idem rex Willelmus Mathaeo episcopo
de Aberden et Johanni episcopo Sancti Andreae licentiam repatriandi, quos
ante fugaverat.⟩

C01 Mortuo autem Willelmo Ruffo, Henricus frater suus iunior in monasterio
C02 Westmonasterii a Mauricio Londonie episcopo in regem est consecratus, et
C03 regnauit triginta annis et tribus mensibus, qui omnes malas consuetudines et
C04 iniustas exacciones quibus regnum Anglie opprimebatur abstulit, leges bonas
C05 condidit, pacem firmam in regno suo posuit. Post hec rex Henricus regis
C06 Scotorum Malcolmi et Margarete regine filiam, Matildem nomine, in coniu-
C07 gem accepit. Anno Domini M⁰C⁰XX⁰ rex Anglie in Normanniam transiit, et
C08 contra regem Francorum Lodowycum per quinque annos bellum fortissimum
C09 sustinuit, et regem in prelio deuicit, et postea concordati sunt. Rex vero
C10 Henricus omnibus ad votum peractis lecior solito in Anglia multo nauigio
C11 reuehitur. Anno Domini M⁰C⁰XXX⁰IIIIᵗᵒ rex Henricus moratus est in
10vb Normannia, et cum una die a venatu redisset, commedit carnes / murenarum,
C13 id est lampredarum, que semper ei nocebant, et eas semper amabat, secundum
C14 quod dicitur 'Nitimur in vetitum, semper cupimusque negata.' Hec igitur
C15 commestio pessimi humoris illatrix excitauit febrem acutam, et preualente
C16 morbo decessit rex magnificus.

HE C03   *triginta:* Henry reigned 35 years.
HE C10   *lecior solito* ('happier than usual') is ironic in its full context, as Henry I's
          return was immediately followed by the sinking in 1120 of the White Ship
          and the death of his heirs.
HE C14   *'Nitimur...negata':* Ovid, *Amores* 3.4.17

565 Tunc Henricus obit et Stephanus incathedratus

⟨Est; si non heres, populo tamen est veneratus.

Huic soror Henrici mater fore non dubitatur

Blesensisque comes ipsum genuisse probatur.

Tunc rex Scottorum plebem ducendo potentem⟩

570 Anglorum totam voluit dispergere gentem.

Northumbros vicit, mulieres ense necauit

Necnon infantes, Christi quoque templa cremauit.

Ulterius veniens mala plura patrare minatur

Rex apud Aluertoun et ibi cum plebe moratur.

575 Turstinus presul Eboraci, cum bene noscet

Hoc factum, voluit obsistere si fore posset.

Milicie plures illuc misit comitatus,

Per quos Scottorum populus fugit superatus.

Post Henricum primum Stephanus filius sororis sue regnauit.

De Dauid rege Scocie et eius seueritate.

Victi sunt Scotti apud Aluertoun.

(C/565–8) Mortuo autem Henrico anno Domini M⁰C⁰XXXV⁰ Stephanus
460 filius filie Willelmi Bastarde, nepos Willelmi Ruffi et filius Comitis Blesensis:
in Normannia Willelmus Cantuariensis episcopus in regem benedixit, omnis-
que Anglia quasi in ictu oculi ei subiecta est.

(C/569–78) ⟨Tempore cuius rex Scotiae irruit in Northumbriam usque
Aluertonam, incendens ecclesias neminique parcens, et matres cum pueris
465 occiderunt. Et cum infirmaretur Thurstanus archiepiscopus Eboracensis, misit
strenuissimos milites cum suo exercitu contra Scotos apud Alvertonam et
vicit eos.⟩

D01 [Eodem anno post pascha insurrexerunt multi proditores contra regem in
D02 australi parte Anglie et multa castella contra eum tenuerunt. Quo ibidem sic
D03 occupato Dauid rex Scotorum innumerabilem excercitum promouit in

---

C/567   *Huic…dubitatur* = *Huic* (Stephen) *mater non dubitatur fore Henrici soror*
(i.e. Adela, countess of Blois, daughter of William the Conqueror)
C/569–78 The brief account in *WC* is probably the poem's source here.
C/574   *Rex:* i.e. of Scotland

D04 Angliam, contra quem proceres borialis Anglie cum insigni comite Allemare
D05 et amonicione et iussu Thurstini archiepiscopi Eboraci restiterunt, fixo Stan-
D06 darde, id est regio insigni, apud Aluertoun. Cum autem morbi causa archi-
D07 episcopus non posset interesse pugne, misit loco sui Radulphum episcopum
D08 Orchadum, qui stans in acie media huiusmodi oracione usus est: 'Proceres
D09 Anglie, clarissimi Normanni genere, meminisse vos nominis et generis,
D10 preliari vos et inimicis resistere decet, quibus usque in presens nemo impune
11ra re/sistit. Nunc autem Scocia vobis rite subiecta repellere conatur, inermem
D12 preferens temeritatem, rixe magis quam pugne apcior. Quod cum vobis ego
D13 presul denuncio, ut hii qui in hac patria templa Dei violarunt, altaria cruenta-
D14 uerunt, presbiteros occiderunt, nec pueris nec pregnantibus pepercerunt, in
D15 eodem flag⟨it⟩io condignas sui facinoris luant penas, quod per manus vestras
D16 perficiet Deus. Attollite igitur animos, viri elegantes, et aduersus hostem
D17 nequissimum, freti virtute patria, immo Dei presencia, exurgite, neque vos
D18 temeritas eorum moueat, cum illos tot vestre virtutis insignia non detereant.
D19 Tegitur vobis galea capud, lorica pectus, ocreis crura, totum corpus clipeo;
D20 ubi feriat hostis non inuenit quem ferro ceptum circumspicit, quia illi nesciunt
D21 armari in bello. Preterea maiores vestri multos pauci sepe vicerunt. Quid ergo
D22 confert vobis gloria parentele, excercitacio sollempnis, disciplina militaris,
D23 nisi multos pauciores vincatis? Sed iam finem dicendi suadet hostis inordinate
D24 proruens et, quod animo meo valde placet, disperse confluens. Vos igitur,
D25 archipresulis vestri loco qui hodie commissa in domum Domini, in Domini
D26 sacerdotes, et in Deum regem pusillum vindicaturi estis, si quis vestrum pre-
D27 lians occubuerit, absoluimus ab omni [ab omni] pena peccati in nomine Patris,
D28 cuius creaturas fede et horribiliter destruxerunt, et Filii, cuius altaria macula-
11rb uerunt, et Spiritus Sancti, a quo sublimatos insane ce/ciderunt.' Respondit
D30 omnis populus Anglorum 'Amen.' Tota gens Anglorum et Normannorum in
D31 una acie circum Standarde conglobata persistebant immobiles. Viri sagittarii
D32 equitibus inmixti inermes Scotos penetrabant, ad internicionem miserunt et in
D33 fugam conuerterunt. Offensus enim erat eis Deus excelsus, et ideo omnis vir-
D34 tus eorum tanquam arenarum contexio demolita est. Multa quidem Scotorum

HE D01 *Eodem anno:* in the narrative sequence of HE this should refer to 1135 and
the succession of Stephen, but it clearly refers to the events just preceding
the Battle of the Standard in 1138.
HE D18 *detereant = deterreant*
HE D20 *ceptum = septum, saeptum*
HE D34 *contexio = contextio*

Henrici nata didicit fama referente

580 Anglorum rege quod erat priuata parente.

Legatos misit, regnum reddique rogauit;

Stephanus hoc facere rex distulit, immo negauit.

Hinc contra regem bellum iubet ipsa mouere,

Ut quod sponte nequit, vi belli posset habere.

585 Inter utrumque diu conflictus continuatur,

Qui tandem certo sub federe pacificatur.

Annuit ipsa sibi regni dyadema tenenti,

Henricus natus ut succedat morienti.

Ad placitum racio bene partibus edita cessit,

590 Quo facto gaudens ad propria quisque recessit.

De Matilda imperatrice filia Henrici primi.

D35 milia in eodem campo ut fama refert occisa; nostri vero minimo sanguine
D36 fuso feliciter triumpharunt. Hoc bellum in mense Augusti factum est.]

(C/579–90) Audita vero morte patris sui Henrici primi Matilda imperatrix Alemannie, post mortem imperatoris desponsata comiti Andegauie de quo
470 suscepit filium nomine Henricum, peciit per nuncios a predicto Stephano quod ipse iniuste occupauit regnum Anglie restitui. Quod se facere rex Stephanus dum viueret abnegauit. Tunc predicta imperatrix cum filio suo Henrico et multitudine militum electorum in Angliam applicuit et bellum fortissimum contra predictum Stephanum strenue commisit. Et bello inter
475 partes per septennium continuato, tandem inter eos ita conuenit, videlicet quod predictus Stephanus quamdiu viueret regnum optineret, et post eius
IIva mortem Henricus secundus filius im/peratricis ei succederet in regnum. Quibus peractis imperatrix Matilda cum filio suo Henrico Andegauie est reuersa, ducens secum filium Stephani regis, ne patri suo succederet in regnum.

C/579   *Henrici nata:* Matilda, empress, daughter of Henry I and mother of Henry II
C/588   *Henricus natus:* Henry II
C/590   The detail (HE/479) that Matilda took Eustace, Stephen's son, is not in other chronicles.

Stephanus hinc obiit et rex Henricus habetur
Andegauis natus, populus quem corde veretur.
Hic contra clerum statuit preiudiciales
Leges, sed Thomas reprobat, dampnat quoque
tales,
595 Cleri pro zelo quem fecit martirizari,
Ad libitum regis cum non potuit reuocari.
Hic rex Henricus, nati male captus amore,
Londoniis regem faciens ditauit honore,
Scottorum rex hominium cui, fratre fauente,
600 Willelmus fecit, rem gestam plebe vidente.
Non se sed natum genitor regem fore dixit:
Laus breuis ista fuit, modico quia tempore vixit.
Defuncto nato rex multiplicat male planctus,
Illius edicto Thomas periit quia sanctus.

Post Stephanum Henricus secundus filius imperatricis regnauit. Fecit leges iniquas quas dampnauit Sanctus Thomas, qua de re per illum martirizatus est, que **quidem** leges fiebant in preiudicium cleri.

Quod Henricus secundus fecit filium suum Henricum nomine regem.

De morte noui regis Henrici tercii.

480 (C/591–608) Mortuo autem Stephano, Henricus secundus filius imperatricis venit in Angliam et regnauit xxiiii annis, tempore cuius non rebellauerunt Scoti. Hic Henricus composuit leges iniustas, cui restitit Sanctus Thomas Cantuariensis, qui martirio coronatus est. Hic eciam Henricus in crastino coronacionis filii sui Henrici qui tercius dicitur, licet mortuus fuerat ante patrem
485 suum, fecit Willelmum regem Scocie et Dauid fratrem suum deuenire homines ligios Henrici filii sui regis. Anno Domini M⁰C⁰LXX⁰. Iste Henricus secundus genuit Henricum tercium, Ricardum, Galfridum, et Johannem, qui omnes fuerunt geniti ex Alienora. Erat Galfridus pater Arthuri, quem quidem Arthurum nepotem suum interfecit Johannes.

C/592 *Andegauis:* 'at Anjou'
C/595 *fecit:* scil. *Henricus*
C/599 *hominium:* 'homage'
C/602 Cf. C/410.
C/604 *Illius...quia = quia illius edicto...*

605 Hunc Deus absoluat, fecit dampnabile si quid,

Qui plures natos ipso moriente reliquit.

Isti fuerunt filii Henrici secundi.

Primus Ricardus, Galfridus eratque secundus,

Tercius ipse Johannes, non sat corpore mundus.

Fratres Henrici tercii: Ricardus, Galfridus, et Johannes, qui omnes successiue regnauerunt.

Hic rex Ricardus multum studuit probitati,

610 Ut possent regna seruire sue feritati.

Impiger obsedit rex castrum forte Kalucis,

Telo percussus ubi per[di]dit gaudia lucis.

Christe, tui calicis predo fit preda Kalucis;

Ere breui deicis qui tulit era crucis.

Iste Ricardus regnauit post Henricum secundum patrem suum, et occisus est cum obsideret castrum Calucis.

615 Galfridus frater medius natum moriendo /

22r Arthurum liquit. Ut rex foret ipse regendo

Hunc Arthurum Johannes occidit inique,

Qui vicio luxus nimium seruiuit ubique.

Iste Galfridus fuit comes Minoris Britannie.

Iste Galfridus mortuus tempore patris sui reliquit filium post se nomine Arthurum heredem, quem

---

490 (C/609–14) Ricardus rex illustris regnauit decem annis. Et cum obsideret castellum Kalucis in Normannia in scapula sinistra percussus est speculo seu quadrillo, et ibidem mortuus. Versus:

Christe, tui calicis predo fit preda Kalucis;

Ere breui deicis qui tulit era crucis.

495 Isto Ricardo regi fecit homagium Willelmus rex Scocie apud Cantuariam. Hic fecit multa mirabilia in Terra Sancta./

C/605   The poet's addition; cf. C/641.

C/613–14 These lines refer to the sale of church vessels (*calicis predo, qui tulit era crucis*) to pay for Richard's ransom from the emperor; *ere breui* is the crossbow bolt that killed Richard at Chaluz.

HE/493   *preda*: emended from MS *predo*, which is a slip; but the couplet appears in several forms, e.g. with *arma* (referring to the Crusade) for *era*.

Fratris successor regnum rapuit violenter,
620 Qui fuerat dignus multari morte licenter.
Hinc diuersorum sunt labia multa locuta,
Factum namque scelus mala sunt subscripta
                                    secuta:
'Ex hoc transgresso Normannia perditur Anglis;
Istius culpa fuit interdiccio facta
625 Sex annis durans centumque diebus et una.
Hinc ex hoc regno capit annua Roma tributa.'
Willelmus Scocie regis rex est homo factus,
Cui fore se fidum Lyncoln iurare coactus.

Johannes dolo occidit ne regnaret. Quo mortuo idem Johannes, qui fuit frater predicti Galfridi, regnauit, quam ob rem perdidit Normanniam iudicio duodecim parium in curia regis Francorum, et eciam culpa predicti Johannis facta fuit interdictio, quia exclusit Stephanum archiepiscopum ecclesie Cantuarie missum a curia Romana in Angliam.

Quod Willelmus rex Scocie iurauit regi Johanni apud Lyncolniam, qui cito fregit fidem suam, quod audiens Johannes expugnabat eum et preualuit, ita quod predictus Willelmus dedit duas filias suas **in** obsides.

11vb   (C/615–34) Johannes lubricus regnauit sedecim annis et dimidio. Hic
occidit Arthurum nepotem suum, filium scilicet Galfridi fratris sui senioris,
qui quidem Galfridus medius erat inter Ricardum et Johannem, et post
500 Ricardum verus heres Anglie si vixisset. Ob cuius Arthuri mortem secuta
sunt mala in hiis versibus contenta:
            Ex hoc transgresso Normannia perditur Anglis;
            Istius culpa fuit interdiccio facta
            Sex annis durans centumque diebus et una.
505   Hinc ex hoc regno capit annua Roma tributa.

C/623   Normandy was lost in 1204. A story circulated that John stood trial for the
           murder of Arthur before the king of France or, as Cc 'Iste Galfridus mortuus
           …' has it, before the Douze Pairs (Twelve Peers).
C/624–5   The Interdict (1208–14) was caused not by the murder of Arthur but, as Cc
           'Iste Galfridus mortuus…' (note to C/615–26) says, by John's refusal to
           accept Stephen Langton as archbishop of Canterbury. Tribute to Rome lasted
           for a century and a half.
C/627–34   William of Scotland swore allegiance at Lincoln in 1200. The castle was
           built at Berwick (not Benwick, as HE/510 has it) in 1204, and William
           capitulated in 1209.

Hancque fidem rex Johannes fractam fore dici
630   Audit et appeciit armis castrum Berewici.
Qui regem Scocie paci remeare coegit
Et seruare fidem, fidei qui federa fregit.
Et sic colligitur regnum totale Johannis:
Completis moritur bis senis quatuor annis.

635   Cuius natus erat Henricus quartus, amator
Iusticie, mitis oppressorum releuator.
Tempore cuius erant duo consumencia bella
Inter magnates regni, surgente procella.
Lews necnon Euysham loca sunt quibus ipsa
fuerunt,
640   Quo miserabiliter multi proceres ceciderunt.

De morte Johannis, quo loco Henricus quartus filius suus, cuius tempore fuerunt in Anglia duo bella, primum apud Lews, secundum apud Euesham, in quo bello occubuit Symon de Monte Forte, qui[a] iam recolitur sanctus.

Istius Johannis regis deuenit homo ligius Willelmus rex Scocie apud Lincolniam super montem arduum in conspectu omnis populi, et iurauit ei fidelitatem super crucem Huberti Cantuarie archiepiscopi de vita et membris et terreno honore. Et quia filiam suam comiti Bononie preter ipsius assensum
510   desponderat, venit Johannes rex Benewicum et construxit castrum Benewici et patriam deuastauit. Et Willelmus Johanni duas filias suas obsides dedit, et sic recessit predictus Johannes.
(C/635–46) Henricus tercius filius Johannis lubrici regnauit lvi annis et quindecim diebus, in cuius tempore fuerunt duo bella apud Lewis et apud
515   Euesham, ubi multi nobiles corruerunt, quibus propicietur Deus. Isti Henrico fecit homagium in die Sancti Stephani apud Eboracum Alexander rex Scocie, et desponsauit filiam suam. Anno Domini M⁰CC⁰LXXII⁰. Et sepultus est predictus Henricus apud Westmonasterium.

C/631   *paci remeare:* 'return to peace'
C/635   *quartus:* in usual terminology, this is Henry III; the poet's numbering
              includes Young Henry, son of Henry II, crowned but never king.
C/639–40 The Battle of Lewes was in 1264, that of Evesham (where Simon de
              Montfort was killed) in 1265.

Hos Deus absoluat a contactu viciorum,
Secum glorificans in clara luce polorum!
Et data Londoniis regi Scocie sua nata
Nupsit Alexandro: fuit hinc pax postea grata.
645 Qui quinquaginta sex annis rex fore scitur;
Hinc obit annosus et Londoniis sepelitur.

Idem Henricus quartus
dedit filiam suam dictam
Matildam Alexandro regi
Scocie apud Londoniam.
Post obitum Henrici quarti
Edwardus filius suus
successit.

C/643–4 Henry's daughter was Margaret, not Matilda (as Cc 'Idem Henricus...' has
it); the wedding was in 1251 at York (not London, as the poet has it).

Metrical History Continuation:
Edward I – Richard II (H)

Harley Commentary on the Continuation (Hc)

London, British Library, MS. Harley 1808,
fols 40r–44r

(*40r*) Nobilis Edwardi regis nunc gesta reuelans

    Veraque de multis plurima tango nouis.

    Anno milleno bis centum septuageno

    Et quarto regni sceptra regenda capit.

5 Rex fuit hic regum sic milicie dominator;

    Prudens, fortis erat, iustus amansque Deum.

    Scocia rege carens mutua se cede peremit:

    Seuit in alterutrum plebs, perit omnis amor;

    Eligit hic istum regem quem non amat ille:

10   Maxima Scottorum causa necis fuerat.

    Hiis ita congestis rex nobilis Angligenarum

    Consulat ut Scotos, ecce vocatus adest.

    Consiliis initis, seruato federe pacis,

    Eligitur quidam qui dominetur eis,

15 Postulat et populus, queat ut regnare Johannes;

    Rex fauet; electus sic dominatur eis.

    Electo rege fit condicio quoque talis:

    Seruiet Edwardo rex nouus et populus.

    Prothpudor, hoc pactum contempsit Scoticus ille

20   Anglorumque duci subdere se renuit.

    Sauciat hoc animum ducis Edwardi, quia Scoti

    Indignum reddunt pro pietate scelus.

    Mox iubet armari proceres populumque parari;

    Armantur cuncti regis ad imperium.

25 Arboreos et equos super equora mittit ad illos;

    Portum Berwici classica turba legit.

⟨E⟩dwardus filius Regis Henrici coronatur apud Westmonasterium anno gracie millesimo CCLXXIII⁰, die dominica infra Octauas Assumpcionis beate Marie. Eodem anno fuit generale consilium Lugduni in quo consilio dominus papa confirmauit duos ordines fratrum, Predicatorum scilicet et Minorum, sed Augustinorum et Carmelitarum posuit in respectu, et ceteros ordines mendicancium dampnauit.

⟨A⟩nno gracie M⁰CC-LXXXXI⁰ tenuit Rex Edwardus parliamentum post Pascha apud Norham super statu regni Scocie, anno regni sui xxx⁰, ubi adiudicatum fuit sibi supremum dominium regni Scocie per magnates regni eiusdem, qui discussis iuribus pretulit Johannem de Balliolo in regem Scocie, qui Regi Edwardo apud Nouum Castrum fecit homagium pro regno Scocie et fidelitatem

---

H/2   *Veraque:* -*que* is redundant. Often, as in C, *que* = *et* (H/109, 133, etc.).

H/3–4 *Anno...quarto:* i.e. in 1273 (having acceded in 1272, while on crusade).

H/6   Chronologically H/97–102 (on Llewelyn) should follow here.

H/16–28 *xxx⁰* in Hc '⟨A⟩nno gracie...': a scribal error for *xx⁰*.

H/19   *Prothpudor:* 'for shame!' *Proth* is the exclamation *pro* (cf. H/200 *prothdolor*).

H/25   *Arboreos...equos:* 'ships'

Intrat Berwicum violenter et impetit hostes;

    Mox ibi Scottorum gens perit ense fero. /

iurauit. Postea rex Scotorum confederauit secum rege Francorum. Quod audiens Rex Edwardus literas misit regi Scocie de veniendo ad parliamentum suum, qui omnino contempsit et, quod peius est, exercitum congregat copiosum et incendia atque strages hominum in Anglia fecerunt, et ciuitatem Karlioli duobus diebus obsederunt. Hoc audit Edwardus rex; contra Scotos vexilla direxit et Berwicum cepit, occisis vii mil. Scotorum.

40v Miles ibi moritur Ricardus Cornubiensis:

30   Deprecor ut viuat miles in arce poli!

    Edwardus iubet hinc Berwicum fortificare:

        Regis ad imperium fossa fit alta cito.

    Nunc de Dunbarro fuerint tibi qualia narro:

        Concurrunt Angli, Scoticus obuiat hiis.

35   Anglica milicia Scottis sapienter agebant:

        Pugnant mente fera, cessit et hostis eis.

    Insultus castro dabat Anglicus et violenter

        Irruit in Scottos; Scoticus ense cadit.

    Hiis visis proceres castrum Dunbar tenuere,

40   Sed fuit est et ibi copia nulla cibi.

    Redditur Edwardo castrum, redduntur et arma,

        Et pro castello pax sine pace datur.

    Rex quoque Scottorum timidis latitabat in antris;

        Scottorum regi turpis erat requies.

45   Impiger Edwardus Anglorum rex iubet inde

        Nauibus ornatis vela leuare cito.

    Regis ad imperium mox nautica gens preparatur;

        Aura placet populis, equor obedit eis.

    Ad portum Perte peruenit classis operte;

50   Expectabat ibi gens ducis imperium.

Fortificatur villa Berwici et fossis circumdatus nouis.

⟨A⟩nno domini MᵒCC-LXXXXVIᵒ fuerunt Scoti deuicti apud [apud] Dunbarre, ubi multi nobiles fuerunt capti et usque Londonias adducti, et castrum regi redditur. Postea rex adiit Scociam et tam per terram quam per mare omnia undique destruxit, regemque et Scotos rebellantes cepit et de eis triumphauit, ac regem et alios proceres misit Londonias carcere conseruandos, ut in versibus plenius apparet.

H/35 *Scottis*: perhaps dative of reference, 'acted wisely with respect to the Scots'

H/40 *est et = et est*, apparently a joke: 'but there was—still is!—no abundance of food there'

Rex quoque per pontem mare transiit et violenter
　Irruit in Scotos; Scocia cessit ei.
Intrant castra, domos, Angli dominantur ubique;
　Scocia quid valeat, sic manifeste patet.
55 Obuiat Edwardo rex Scoticus atque coronam
　Obtulit et regnum, subditus et fit ei.
Mox quosdam capiens proceres rex carcer
　　　　　　　　　　　　clausit
　Castris Anglorum; sic domat indomitos.
Londonias regem Scottorum mittere iussit;
60　Planxit enim vitam carcere clausus ita.
Hiis ita tractatis rex Edwardus remeauit
　Ad propriam patriam, pauset et ut modicum.
Tunc Scotti miseri bellum cepere mouere,
　Willelmum Walais constituuntque ducem.
65 Impiger Edwardus estatis tempore partes
　Intrat Scottorum; bella parantur ibi.
Faukirk monstratur, ubi septuaginta Scotorum
　Milia corruerant: sanguine rubet humus.
Edwardus castrum Striuelini protinus intrat,
70　Post regnum repetit, Scocia leta fit hinc./
41r Equora transiuit rex Edward milite cinctus
　Flandrensisque comes subditus extat ei.

Rex Scocie obtulit Regi
Edwardo regnum Scocie
et coronam.

⟨W⟩illelmus Walays
insurrexit in Scocia
contra regem Anglie et
bellum parauit apud
Faukirk, anno domini
MᵒCCLXXXXVIIIᵒ, ubi
dictus Willelmus eorum
dux et alii magnates de
Scocia dimiserunt
exercitum suum sine
capite, et ideo fuit quasi
totus peremptus. Et rex
ante reditum suum cepit
castrum de Striuelin, et
custodes posuit in
eodem.

Anno MCCLXXXXVIIᵒ Rex Edwardus cum exercitu transfretauit in Flandriam et traxit
moram apud Gaunt, et ex parte regum treuge conceduntur biennales.

H/51　　*per pontem:* the river Tay at Perth is tidal.
H/62　　*et* belongs syntactically at the beginning of H/61.
H/67–70　Chronologically these lines should follow H/86; it may be a textual error.
H/67　　*Faukirk:* the Battle of Falkirk was in 1298.
H/69　　*Striuelini:* 'Stirling'
H/71　　Edward went to Flanders in 1297.

Francorum regem rex Edwardus violenter
 Impetit atque suos, hostis uterque potens.
75 Interea Scoti pacem fregere fidemque;
 Cedes, furta patrant, et mala cuncta rotant.
Inpugnant Anglos Willelmi fraude potiti
 Quem Walais vocitant; hic dominatur eis,
Qui quoque cum nostris de firma pace loqutus
80 Prouocat ad Striuelin Angligenam populum.
Scotti trans pontem per littora fluminis astant;
 Australem partem possidet Angligena.
Angli trans pontem veniunt, sed fraude latente
 Obuiat hiis paucis Scocia tota simul.
85 Sed fugiunt Angli, moriuntur, quique solebant
 Vincere vincuntur, castra petuntque fugam.
Post mala multa quidem capitur Willelmus: eidem
 Redditur, vt meruit, mors fera tarda nimis.
Rex nouus ille Robert Bruys proditor incipit esse
90 Regis et Angligenis seuus et hostis amens.
Destruit hic villas et pulcra palacia regum;
 Ecclesias perdit cladibus igniuomis.
Rex Robyn ad Dunfres veniens Comyn ille Johannem
 Strauit in ecclesia: sic ruit ille Comyn.
95 Viuit adhuc Robynet in montibus atque moratur
 Pronus ad omne malum: nequior esse nequit.
Princeps Wallorum Lewlinus captus ad horam
 Ducitur ad regem, carcere trusus ibi.

Statim post recessum regis Anglorum Scoti occiderunt Hugonem de Cressyngham, thesaurarium Scocie, et alios multos apud Striuelin per fraudem Willelmi Walays, ut in littera.

Capitur Willelmus Walays et Londoniis tractus et suspensus est.

Johannes Comyn occiditur apud Dunfrees.

Lewlinus princeps Wallie insurgens contra regem bis primo redemptus

---

H/80–6   In September 1297 the English were ambushed and routed as they crossed the narrow bridge over the Forth.
H/87–8   Wallace was executed in 1305.
H/89–96   Robert Bruce killed John Comyn at Dunfries in 1306.
H/97–102   These lines should follow H/6; Llewelyn's career ended in 1282.
H/99   *milleque libris:* i.e. £1,000; the chronicles say £5,000 and 1,000 marks.

Vicenis triginta datis sic milleque libris

100   In patriam rediit, postea surgit item.

Sed consurgit ita, quod ob hoc finit sua vita:

Decollatus erat, Wallia plangit eum.

Carlioli tenuit Edwardus parliamentum;

Ad Burgum Sabuli postea rex adiit.

105   Qui moriturus ibi vitam finiuit, et ossa

In rabidos Scotos mortua ferre iubet.

Milicie florem iam perdidit Anglia; mundus

Nescit huic similem, heu perit orbis honor!

Rex fuit Anglorum triginta que quinque per

annos;

110   Dignus milicia solus in orbe fuit.

Edwardi natus Edwardus rite vocatus

Anglorum regnum suscipit atque regit.

Qui iuuenis procerum regni consorcia spreuit,

Petri Gauaston consiliis inhians /

41v Et simul Hugonis Despenser vota requirens:

Ambos pro meritis ulcio digna ferit.

Horrida Scottorum surgit rabies populorum,

Et mors sicque fames undique regna tenent.

Commisso bello sub Bannokburn fugiit rex:

120   Occiduntur ibi plurima turba cito,

Et Gloucestrensis comes inclitus atque Robertus

De Clifford genitus occubuere simul.

---

erat, secundoque captus, tractus, suspensus, et decollatus est.

Anno domini M⁰CCCVI⁰ Edwardus rex cum Margareta uxore sua venit versus terram Scocie, vigilia Sancti Michaelis, apud Lanercost, et perhendinarunt ibidem per dimidium anni, et deinde recesserunt usque Karliolum et ibi tentum fuit **parliamentum**. ⟨A⟩nno domini MCCCVII⁰ apud Burgh super Sabulones, die translacionis Sancti Thome, mortuus est et Londoniis sepelitur. Cui successit Edwardus de Carnaruan filius eius.

Iste Rex Edwardus cito post obitum patris sui coronatus est. Qui in omni gestu et actu semper incompositus fuit, omnimodis scurilibus et insolenciis indulgens probitatem et honorem postposuit. Consorcia magnatum spreuit et proditorum consiliis adhesit, scilicet Petri de Gauaston et Hugonis le Despencer, qui ambo per comites et barones regni morte turpissima condempnati sunt. Hic rex Thomam comitem Lancastrie apud Pontefreit

---

H/104   *Burgum Sabuli:* 'Burgh-by-Sands'

H/105–6 *TW* reports Edward's wish for his body to remain unburied until the Scots were defeated; in fact, he was buried at London.

H/116   Piers Gaveston was executed in 1312, Hugh Despencer in 1326.

H/119   The Battle of Bannockburn was in 1314; Hc 'Iste Rex…' wrongly gives the death of Thomas of Lancaster (1322) first. *Pontefreit* (same note): 'Pontefract'

Hic Lancastrensem comitem Thomamque necauit
Ac alios proceres, rege iubente necem.

125 Magnates Harclay comitem pro prodicione
Dampnarunt: Scottis per sua pacta fauet.

Mittitur ad regem Francorum mox Isabella
Consors cum nato, conferat ut solitam

Iusticiam regi quasi pro terris Aquitanis,

130 Hincque superuenit Mortymer ille Roger
Proscriptus; tamen hunc recipit sibi regia coniux
Illicito tactu conuiolando thorum.

Postea regina cum nato redit que fideles
Obuia fecerunt et sibi cuncta tradunt.

135 Rex et Spencer Hugo Wallenses insimul oras
Profugiuntque metu, sed capiuntur in hoc.

Ast Despencer Hugo tractus suspensus et inde
Decollatus erat membraque secta locis.

Regali subito demptus diademate regni

140 Rex priuatur eo iudicio procerum.

In castro Berklay positus fuit et bene tentus;
Cuspide subfossus visceribus obiit.

Tercius Edwardus viuo genitore coronam
Suscipit et merito dignus in orbe coli.

145 Quartus et annus erat, quo Bayllol iura Johannis
Scottorum regis filio deueniunt

iniuste et absque consensu parium suorum fecit decollari. Hic eciam rex deuictus fuit apud Bannokburn iuxta Stryuelyn et fugiit usque Scarburgh per mare. Tempore namque suo multa infortunia contigerunt regno, et ipse rex tandem a regimine deponitur, et sub custodia positus a quodam inter celanda nature confossus ignominiose peremptus est, anno regni sui xix° et anno domini millesimo CCCXXVII°.

Edwardus de Wyndesore filius Edwardi secundi, viuente patre suo coronatur in regem Anglie dum xvi esset annorum, vir strenuus

---

H/123 *Hic:* Edward II, but, as *rege* (H/124) also refers to Edward, perhaps lines 123–4 should follow 126: Sir Andrew Harclay (executed for treason in 1323) was one of those who executed Thomas of Lancaster in 1322; Harclay then defected to Robert Bruce.

H/133 The *a* of *regina* is lengthened at the caesura and the *o* of *nato* shortened.

H/134 *Obuia fecerunt:* 'met.' This was in 1326.

H/136 *Profugiuntque:* syntactically *-que* goes after *Rex* (H/135); *in hoc:* 'in this action'

H/143 Edward III's marriage to Philippa (H/169–72) should be at the beginning of the reign, but it is not a textual error. *xvi...annorum* in Hc 'Edwardus de Wyndesore...' is supported by *Lan* (*TW* says fourteen).

Edwardo, proceres qui congregat undique regni:

In regnum pergant et sibi subueniant.

Armantur plures et classica magna parantur;

150 Intrant Scottorum limina marte fero.

Obsistunt Scotti, Gledmor pugnatur utrimque;

Edwardus Baillol victor eos superat.

Hic terram Scoticam peragrans virtute potenter

Debita magnatum iura recepit ibi.

155 Ad villam Scone cepit diadema corone;

Iuratur sibi pax, nec tenet illa diu.

Insurgunt Scotti, regem regnoque fugarunt,

Peruenit ut nudus concito Karliolum./

valde et illustris. Huius anno quarto Edwardus de Balliolo, filius et heres domini Johannis de Balliolo, rex Scotorum, cupiens regnum iure hereditario debitum recuperare, barones et nobiles ad bella fortes secum per maritima in Scociam conduxit. Quibus aduenientibus obuiam habuerunt Scotorum exercitum in tribus aciebus, ubi apud Gledmore attrociter pugnatum fuit, et mons fuit interfectorum altitudinis, scilicet Scottorum,

xx pedum. Deinde rex Scocie transiit usque Scone, ubi coronatus fuit et magnates ei fidelitatem iurauerunt, quam modico tempore obseruabant, nam ipsum cito post a regno fugauerunt.

42r Anglorum regi Scottus rex nuncia misit

160 Promittens terras, ut sibi subueniat,

Et regnum de se Scottorum iure tenere.

Rex ut subueniat, protinus arma parat.

Berwicum tendunt ambo reges, ubi bellum

Fit Halidon; moritur Scottus ubique manens.

165 Millia centena subeunt discrimina mortis

Scottorum populi, redditur urbsque dolens,

Adque Nouum Castrum deuenit rex homo regis:

Pro regno Scotus prestitit inde fidem.

⟨E⟩dwardus rex Scocie misit nuncios suos ad regem Anglie, promittens se omnes terras suas citra mare Scoticanum eidem daturum, et pro regno eiusdem homagium et fidelitatem facturum, ut sibi pro eodem recuperando auxilium prestare dignaretur. Unde rex Anglie cum exercitu pugnauit apud Halidon Hill, ubi x millia Scottorum corruerunt et villa redditur regi.

H/151 Gledmore is the name in *Lan* (Gaskmor in *TW*); modern sources call it Dupplin Moor.
H/158 Apparently a result clause, unless it should be attached to H/159, or unless *ut* should be emended to *et*.
H/165 *Millia centena:* the number of Scottish dead at Halidon Hill (in 1333) is usually recorded as less than this: *Lan* says 36,000, *HK* and *RHP* 35,000.
H/167 *Nouum Castrum:* 'Newcastle'; *homo:* 'liegeman'

Hanaldi comitis natam rex ipse Philippam
170   Pro consorte capit: nobilis illa fuit!
Edwardum de qua genuit, qui postea princeps
        Wallorum fuerat, inclitus orbis apex.
Deinde petit Flandros et postea Cesaris arua,
        Bauarros etenim consiliando sibi.
175 Armis iuncta suis Francorum miscuit arma;
        Inde redit, Gallos opprimit, arua vorat
Et boreas partes, ad Tornacum simul ardet.
        Festo Baptiste per mare carpit iter;
Fit conflictus ibi cum Francis: sunt data leto
180   Viginti quinque millia mersa mari,
Et simul occisi Mounthermer, sic Latymer que
        Willelmus Botiler fata tulere necis.
Iuxta Wallericum dantur morti duo mille,
        Secanico fracto ponte notante necem.
185 Bellum de Crescy magnum peragunt duo reges;
        Phillippus fugiit; fit timor atque cedes,
Maiorice que Bohem reges moriuntur ibidem,
        Lotharieque comes, Senonis atque presul.

⟨I⟩unguntur arma Francie armis Anglorum.

⟨D⟩e bello super mare anno domini millesimo CCCXL.

⟨D⟩iscomfitura Francorum ad Pontem Secane iuxta Sanctum Walericum.

⟨B⟩ellum de Crescy fuit anno M°CCC°XLVI, ubi victus est rex Francie. Et eodem anno Bellum Dunelmie. Et eodem anno Rex Edwardus obsedit Calesiam quam ante annum completum obtinuit.

H/169   *Hanaldi:* 'Hainault'
H/173–4 *Cesaris arua:* the Empire; *Bauarros:* 'Bavarians'; *consiliando = conciliando*
H/175   Edward quartered the fleurs-de-lys with his own arms in 1339.
H/177   *Tornacum:* 'Tournai'
H/179–80 The Battle of Sluys (1340); the figure 25,000 agrees with *HK.*
H/183–4 *Wallericum:* 'St Valéry'; *Secanico:* 'of the Seine.' In Froissart, these are
         two separate events (as St Valéry is on the Somme), but many English
         chroniclers seem to have been hazy about the geography.
H/185–8 Other English chronicles mention the deaths at Crecy (1346) of the kings of
         Bohemia and Majorca, the duke of Lorraine, and the archbishop of Sens,
         but the king of Majorca was certainly not killed there. James III of Majorca
         was ousted in 1343 by his cousin Peter IV of Aragon and died in 1349; his
         son, the titular James IV, died in 1375, and Peter died in 1387. *Calesiam* in
         Hc '⟨B⟩ellum de Crescy…': 'Calais.' H/186 *fugiit = fugit* (cf. *fugierunt* in
         Hc 'Eodem anno…' [note to H/235–44, below, p. 92]).

Dauid Scottorum rex captus eratque Dunelmi:

190 Maxima summa notat quaque redemptus erat.

In bello Payters capitur sub principe nostro

Gloria Francorum: subditur huic et obit.

⟨B⟩ellum de Payters, ubi Johannes rex Francorum captus est, anno domini $M^{o}CCCLVI^{to}$.

Victus Bastardus fugiit bello Nazareo,

Principe sub nostro restituente Petrum,

195 Et regis nato de Gaunt dictoque Johanni

Lancastri nata traditur uxor ouans.

⟨B⟩ellum Hispanie apud Nazers, ubi deuictus est Bastardus, anno gracie $M^{o}CCCLVII$.

Edwardus princeps patre viuente tumulatur,

Unde gemunt arma Marsque ducesque simul.

⟨E⟩dwardus princeps moritur.

Condolet Edwardus de nati morte benigni,

200 Prothdolor et moritur pretereundo dies.

Septem septuagin ter C iunctis sibi mille

Sub Junii mense permeat in requiem./

⟨O⟩biit Rex Edwardus anno $M^{o}CCCLXXVII^{o}$.

42v Turbida succedunt iuuenilis tempora regis

Nomine Ricardi, cui diadema datur.

205 Quatuor hic proceres comitum succinxit honore,

Plurima contulit hiis predia grata nimis.

Anno gracie $M^{o}CCC$-LXXVII°, xvi^{o} die Julii apud Westmonasterium coronacio Ricardi de Burdegalia, filii Edwardi principis Wallie, cum xi esset annorum, ubi in

die coronacionis sue creauit quatuor comites, scilicet Thomam Wodstok, auunculum suum, in comitem Bukingham, Thomam Moubray in comitem Notyngham, Guichardum de Engolismo in comitem de Huntyngdon, et Henricum Percy in comitem Northumbrie.

H/189–90 The Battle of Neville's Cross near Durham was in 1346.

H/190 *Maxima…erat = maximaque summa qua redemptus erat notat (captionem)*.

H/191 *Payters:* 'Poitiers' (1356); *principe:* Edward the Black Prince

H/193–6 At the Battle of Najera (1367, not 1357 as Hc '⟨B⟩ellum Hispanie…' has it), the Black Prince and John of Gaunt, duke of Lancaster, restored Pedro to his throne, removing the usurping bastard Henry of Trastamara; it was later (1371) that John married Pedro's daughter Constance.

H/195–6 *Et…ouans:* 'and (Peter's) daughter was handed over as a rejoicing wife to the king's son, also called John of Gaunt.'

H/197 The Black Prince died in 1376; Richard II was his son.

H/201 *septuagin:* abbreviated numbers are common in verse of this period.

H/203–4 *Burdegalia* in Hc 'Anno gracie…': 'Bordeaux'; *creauit…in comitem* (same note): the construction *creare aliquem in* + accusative is not Classical Latin, which uses *creare* and two accusatives.

Berwicus capitur Scottorum fraude, sed illos

    Expellit Percy, sed necat ense feros.

Proscribitur hoc anno domina Alicia Perreres per proceres in parliamento. Insula Vecta capta fuit et redempta pro M^l marcis sub custodia Hugonis Tirell militis. Anno M^{o}CCC^o-LXXVIII° et Regis Ricardi secundo, capitur castrum Berwici et per octo dies tentum recuperatur industria comitis Northumbrie, et Scoti ibidem occisi sunt. Hoc anno villa de Cherburgh acquiritur pro **certa** summa soluenda regi Nauarre.

Francia vastatur patruo regis peragrante

210   Terras; cum predis itur ad Armoricam.

    Assumpsit Wyclyf multas hereses, violando

        Catholicamque fidem, dogmata falsa serens.

    Vulgaris populus in regem sub duce Jak Straw

        Consurgit que necat, et loca plura cremat,

215 Quo mox depresso reliqui pacem violantes

    Suspensi pereunt et fugiendo ruunt.

Anno domini M^{o}CCC IIII^{XX} et regis Ricardi tercio, Thomas Wodstok, comes de Bukingham, cum Hugone de Caluerley, Roberto Knolles, Thoma Percy, Willelmo Wyndesore et aliis, destinatus in auxilium ducis Britannie, cum recto curso propter galeas in Britanniam nauigare non poterant, traiectus est Calesiam, a quo loco suam incipiens equitacionem per girum Francie, nullo resistente, equitauit in Britanniam, saluis hominibus et iumentis. Anno domini M^{o}CCC IIII^{XX}I et Regis Ricardi quarto, mense Junii, facta est insurrexio communium contra regem et dominos. In quo tumultu occisi sunt a communibus Magister Simon Sudbury, Cantuarie archiepiscopus et regni cancellarius, Robertus Hales thesaurarius, et dominus Johannes Cauendissh capitalis justiciarius, prior Sancti Edmundi de Bury, et alii diuersis in locis. Que insurrexio cito fit compressa, et turbatores pacis per totam Angliam requisiti tractu et suspendio vitam finierunt.

Applicat Anna cito, terre regina futura,

    Regis adusque thorum; nupta remansit ouans.

Eodem anno, mense Decembris, applicuit Anna, soror Wencelai regis Bohemie, in terram istam regina futura, ob quam causam parliamentum quod tunc fuerat inchoatum dissoluitur et differtur usque post regales nupcias et Natale Domini, quod instabat, post cuius festum xiiii die Februarii desponsatur regina.

H/207   *Insula Vecta* in He 'Proscribitur....' (continuation of note 'Anno gracie...' from previous page): 'Isle of Wight'

H/209   *patruo regis:* Thomas of Woodstock, earl of Buckingham. *galeas* in He 'Anno Domini...': 'galleys'

H/217–18 Anne of Bohemia married Richard on 6 January 1382. *xiiii die Februarii* in He 'Eodem anno,....' is a romantic touch.

Norwici presul cruce signatus vice pape

220 Flandrenses contra protulit arma noua.

Appropiat villam Dunkirk quo scismaticorum

Millia bisque nouem corruerant mutuo.

Dux Lancestrensis Scoticanas destruit oras,

Predam distribuit, deinde domum rediit. /

Anno gracie M CCC IIII^{xx}III° et Regis Ricardi sexto dominus Henricus Spencer episcopus Norwici cruce signatur contra Gallicos et Flandrenses scismaticos, accepta prius inaudita potestate a papa Urbano, unde circa medium Maii profectus est in Flandriam, ubi cepit villas de Graueling et Dunkirk, et conflixit cum scismatibus et occidit ex eis xviii milia. Anno domini M^{o}CCC IIII^{xx}IIII° et Regis Ricardi sexto Johannes dux Lancastrie cum Thoma fratre suo comite de Bokyngham profectus est in Scociam et cum multa preda et sine pugna reuersus est.

43r Scoti Berwicum capiunt per prodicionem

Et dampnatur ob hoc inclitus ille comes

Northumbre, sed ei villam sub condicione

Restituunt marcis mille bis inde datis.

Anno domini M^{o}CCC^{mo}-LXXXIIII° Johannes dux Lancastrie cum exercitu transiit in Scociam, assistente sibi Thoma fratre suo comite Bukingham, ubi Scoti tunc prudenter agentes subtraxerunt se ad nemora fugientes, bellum nolentes inferre, ubi nostri, plurimis de exercitu amissis et captis, sine fructu victorie in patriam redierunt. Anno eodem in parliamento apud Westmonasterium tento Henricus Percy, comes Northumbrie, publice dampnatus est pro amissione castri de Berewik, quod quidam de suis, ipso ignorante, Scotis prodiderat. Regis autem indulgencia honori atque bonis est restitutus et se transtulit versus Berwicum, obsedit castrum, sed paccione duorum milium marcarum Scotis soluendarum illud de eorum manibus recuperauit.

Innumeris populis rex nobilis induit arma;

230 In Boream tendit, ense vorante Scotos,

Et sine congressu partes proprias remeauit

Arrepta preda: Scotica regna dolent.

Patruus Edmundus regis fit dux Eboraci,

Sic alterque Thomas Claudiocestra petit.

Anno gracie Millesimo M^o CCC LXXXV^{to} et anno Regis Ricardi secundi octauo Galli, duce Johanne de Vienna, venerunt in Scociam, ut iuncti Scotis regnum Anglie facilius infestarent. Habebat rex Francie apud Sclusam regalem exercitum paratum ad ingrediendum Angliam, dum nostri in Scocia bello contra Gallicos tenerentur. Quamobrem rex Anglie cum CCC milibus hominum et equorum Scociam est ingressus, sed, hostibus fugientibus vel non apparentibus, est reuersus, patria concremata.

H/219 *scismatibus* in Hc 'Anno gracie M CCC...': 'factions,' but perhaps read *scismaticis.*
H/229 *induit:* 'he clothes many people in arms,' an unusual construction with *induo.*

235   Ver comes Oxonie Dublinensis marchio fertur,
      Australes Michael Pool comes it populos.
    Transit in Hispanos dux Lancastri, simul atque
      Gens numerosa nimis, Anglicus atque Brito,
    Iure vocante ducem, quia fit Constancia causa:
240   Papalis veniam contulit inde fauor.
    Conspirant mutuo proceres, nam pars sibi regem
      Attrahit ad votum, pars leuat altra tamen.
    Iudicio procerum quidam capiuntur ad horam,
      Quidam suspensi decapitantur item./

Eodem anno Robertus Ver comes Oxonie fit Marchio Dublinie; Thomas Wodstokke comes Bokyngham fit dux Gloucestrie, et frater suus Edmundus dux Eboraci, qui prius fuit comes Cantabrigie, et Michael Pole fit comes Suffolchie. Anno gracie millesimo CCCLXXXVI^{to} Johannes dux Lancastrie in regnum Hispanie iure uxoris sue Constance debitum proficiscitur, filie senioris Petri quondam regis Hispanie. Anno domini millesimo CCCLXXXVII et Regis Ricardi decimo Robertus de Veer, tunc dux Hibernie, cui rex tantum prebuit fauorem ut pre aliis sibi carissimus haberetur, in tantum extollitur ut, indignantibus inde duce Glouernie comitibusque Arundelie, Warwici, Derby, et Notingham cum aliis, regeque semper eosdem dominos destruere proponente, qui cum dominis congredi preparans apud Rathcotebrigge fugiit a facie eorum deuictus. Ob hoc fugierunt Michael Pole comes Southfolchie, Alexander archiepiscopus Eboraci, Robertus Tresiliam et alii; Symon Burle suspenditur et quidam iusticiarii dampnantur.

43v Henricum Percy notat Otterburn fore captum;
      Occubuit Douglas, nocte ferente necem.

Anno domini M°CCCLX-XXVIII et Regis Ricardi secundi undecimo Scoti quietis nescii intrantes Angliam inprouisis prouincialibus agebant cedes et rapinas, multos captiuantes et villas conflagrantes, duce eorum comite Douglas. Quibus occurrit dominus Henricus Percy iunior cum fratre suo Radulpho Percy, contigitque Henricum Percy in primo congressu dictum comitem occidere, sed mox idem Henricus cum fratre suo capitur a Georgio comite Dunbarre, occisis ex Anglicis ibidem multis noctanter. Sed Scoti non audentes exspectare aduentum aliorum procerum fugerunt.

    Transit Hibernenses rex partes, vt sibi reges
      Subiectos faciat et sua colla premat.

Eodem anno in parliamento creatus est Johannes Holande frater regis ex parte matris in

---

H/236   *Australes...populos:* 'Suffolk (south folk)'
H/242   *leuat:* 'revolts,' a back-formation from *levatio* 'uprising'; *altra = altera.* The sentence *Anno...deuictus* in Hc 'Eodem anno Robertus ...' is syntactically confused; *fugierunt* (last sentence, same note) = *fugerunt* (cf. H/186 *fugiit*).
H/245   The Battle of Otterburn was in 1388.
H/247–8 The list of Irish chieftains in Hc 'Eodem anno in parliamento...' is not in the other chronicles.

comitem Huntyngdon. Anno gracie MᵒCCCLXXXXIIIIᵒ rex Anglie Ricardus circa festum Natiuitatis beate Marie cum duce Glouernie, comitibus Marchie et Notyngham et Rutland ac exercitu magno, in Hiberniam transfretauit, ubi perterriti reguli terre se regi submiserunt, videlicet Power cum filio suo, Ocell', Onelon cum filio suo Abron, Makmorth cum presbitero Powerensi Dymyl, Dangwith, Dendymysin et Archay.

Rex natam sponsat Francorum connubiali

250   Federe complacitam, deinde coronat eam.

Anno gracie MᵒCCCLXX-
XXVIᵗᵒ et Regis Ricardi
xixᵒ in quodam loco ultra
Calesiam conuenerunt

reges Anglie et Francie ad colloquium ubi tentoria magnifice sunt erecta, et ibidem maritagia erant firmata comendataque est Isabella filia regis Francie dominabus Anglorum, que eam conduxerunt usque Calesiam cum duodecim curribus dominabus et mulieribus onustis, ubi rex Anglie dictam Isabellam duxit in uxorem, pusiolam non octennem. Cito post rediit rex cum regina in Angliam pro solempnitate coronacionis sue.

Rex nomen sumpsit Cestrensis principis atque

Parliamento nouos concreat hinc dominos,

Ast Glouernensemque ducem iussit iugulare

Atque duces binos trusit in exilium,

255   Unum pro semper, alium sed tempore certo;

Extorsit populum, nam sua cuique rapit./

Anno Regis Ricardi xxi
incipiente rex assumpsit
sibi nomen principis
Cestrie ob amorem populi
Cestrie in parliamento, ubi
noui domini creantur,
scilicet Henricus comes
Derby in ducem Hereford,
comes Marescallus in
ducem Norfolk, comes

Rutland in ducem Albemarlie, comes Cancie in ducem Surrie, comes Huntyngdon in ducem Excestrie, comitissa Northfolchie in ducissam Northfolchie, comes Somerset in Marchionem de Somerset, dominus Despencer in comitem Gloucestrie, Radulphum dominum de Neuille in comitem Westmerlandie, dominum Willelmum Scrop camerarium regis in comitem Wilteschire, dominus Thomas Percy senescallus domus regie in comitem Wigornie, et tunc addidit rex armis suis arma Sancti Edwardi Confessoris et Regis. Anno gracie MᵒCCCLXXXXVIII et Regis Ricardi xxi tenuit rex Natale solempniter apud Lichefeld, quo peracto transiit Salopiam, ubi parliamentum interruptum reincipitur, interempto prius et suffocato ignominiose Thoma duce Gloucestrie apud Caleys. In quo quidem parliamento dux Herefordie appellauit Thomam ducem Norfolchie de prodicione, unde uterque ad duellum se properauit coram rege apud Couentree, quo per regem cassato perpetuo exilio dux Norfolchie dampnatus est, ducemque Herefordie ad decennium relegauit. Rex iste populum vexabat grauiter, pecunias extorquens, equos et quadrigas exigens, nil resoluens.

H/249–50   Richard's second marriage, to Isabella, was in 1396; Anne died in 1394.
H/251–6   *ducissam, camerarium* in Hc 'Anno Regis…': 'duchess,' 'chamberlain'
H/253   Calais (*Caleys*) in Hc 'Anno Regis…' is supported by *Eul; TW* gives the Isle of Wight.
H/254   *duces binos:* the dukes of Norfolk and Hereford

44r Rex cartas albas per totum denique regnum
    Adque sigillandas mittit ubique viris.

Parum ante obierat Johannes dux Lancastrie, scilicet in crastino Purificacionis beate Marie, cuius corpus ipso rege interessente solempniter sepultum est Londoniis in ecclesia Sancti Pauli. Ex cuius morte rex sumens occasionem malignandi contra filium suum et heredem, Henricum ducem Herefordie, quem relegauerat prius per decennium, exulare decreuit imperpetuum, ut sic manus iniceret suis amplis possessionibus et ea sibimet appropriare vel inter sibi adherentes distribuere. Extorsit autem a populo xvii comitatuum Anglie grandiores summas, imponens eis quod contra eum equitaturam fecerant cum duce Gloucestrie, quare paratus erat super eos equitare tanquam super publicos hostes suos. Ad cartas eciam albas suos ligeos uniuersaliter apponere sigilla sua compulit, ut quociens grassari vellet in plebem, facultatem haberet licet illicitam opprimendi quamcumque personam.

Rex ad Hibernica regna ferocia vi properauit;
260   Appulit interea dux sua iura petens.
Rex renuit regnum, dux rex fit, sicque coronam
    Suscipit et regnum sceptra tenendo regit.

Circa festum Pentecostes Rex Ricardus cum Cestrensibus et ducibus Albemarlie et Excestrie aliisque dominis, una cum filiis ducum Gloucestrie et Herefordie, transiuit in Hiberniam captisque secum thesauris, coronis, quinque reliquiis et iocalibus regni Anglie, ubi Hibernenses terruit, prostrauit, et afflixit. Dum sic rex ageret in Hibernia, dux Herefordie, ut per mortem patris sui recuperaret hereditatem suam in Anglia, acceptis spiritibus cum Thoma Arundell nuper archiepiscopo Cantuarie, filio similiter comitis Arundell et herede Thoma Erpyngham et Johanne Northburye, iuxta Rauenesere applicuit in Angliam. Et aduocatis sibi auxiliariis partis borealis, videlicet Henrico Percy comite Northumbrie, Henrico filio suo, Radulpho de Neuille comite Westmerlandie, qui sororem eiusdem ducis desponsauerat, aliisque [terram] versus partes australes festinauit et Bristolliam peruenit, ubi castro reddito duci regis consiliarii, scilicet Willelmus Scrop comes Wilteschire, Bagot, Bussy, Grene, et Russel, capti sunt et ut falsi proditores regni decapitati sunt et ut hostes publice proclamati. Interea applicuit Rex Ricardus apud Milford pugnare proponens, sed meticulosus non audens congredi cum duce, commisit domino Thome Percy senescallo suo familiam suam, et ipse cum paucis fugit ad castrum de Flynt, postea aliquando ad Angleseyam, Coneway, Beaumarys, et Holte. Tandem desiderante rege colloquium habere cum duce, mediantibus internunciis apud castrum de Flynt, ambo interloquuntur, deinde simul usque Cestriam peruenere, deinde Londonias usque ad turrim, ubi summonito parliamento rex, noscens se indignum, resignauit regnum cum corona et meritis exigentibus depositus est. Unde procerum et communium assensu dux clamans regnum coronatur die translacionis Sancti Edwardi et inungitur. Rex autem Ricardus per decretum comitatis perpetuo carceri traditur, et in castro **Pontefracti** ultimas efflauit **auras**.

H/257–8   *cartas albas:* 'blank charters,' which Richard forced people to sign.
         equitaturam in Hc 'Parum ante...': 'armed rebellion'
H/259–62 *acceptis spiritibus* in Hc 'Circa festum...': apparently 'joining spirits with,'
         i.e. allying with
H/260   *dux:* Henry, duke of Lancaster (formerly of Norfolk), future Henry IV.
         clamans in Hc 'Circa festum...' (third line from bottom): 'claiming'

TEXTUAL NOTES

C (also *Cc*)	London, British Library, MS. Cotton Claudius D. vii
D	Oxford, Bodleian Library, MS. Digby 186
H (=*H¹*, also *Hc*)	London, British Library, MS. Harley 1808
H²	London, British Library, MS. Harley 2386
H³	London, British Library, MS. Harley 3860
T	London, British Library, MS. Cotton Titus A. xix
GM	Geoffrey of Monmouth (see Bibliography)
WC	Walter of Coventry (see Bibliography)

Additions and deletions (marked by angled and square brackets in the text) are listed below only if based on more than editorial correction. All unlabelled emendations are editorial.

Harley Epitome

HE/14	occasu: hoc casu *H³*
/33	cuius: quorum *H³*
/38	in: et *H³*
/42	que: qua *H³*
/54	primo: uero *H³*; *sentence emended after WC*
/85	primo: post *H³*
/94	cum: exeuntes de *H³*, *emended after WC*
/103	Morpidam *in margin:* Gorbodian *cancelled in text*
/115	secundo: primo *H³*
/134	in: iii *H³*
/162	Westmaria: Westmario *H³*
/163	Perempto: Precepto *H³*
/178	archiflaminum: archiflamini *H³*
/179	quas: que *H³*
/184	senator: senatus *H³*
/263	hec: hic *H³*
	regnante: regnauit *H³*
/291	Wintoniam: Wintonie *H³*
/347	id est: et *(abbreviated)* *H³*
/385	naui: nam *H³*

HE/424	Edwardus: eciam *(abbreviated)* H^3
/432	annis: anno H^3
HE A	(p. 67) *HE section A is out of place, as it goes back to the Battle of Hastings and is clearly not the source of the poem; moreover, the opening line seems to be a conflation of material from elsewhere. The date, presumably an error for 1066, may have been incorporated from a marginal note. The detail about Anselm properly belongs to the reign of William Rufus, where WC has it.*
HE A09	que: qui H^3
HE A24	proiciuntur: proiciantur H^3
	lanceis: lanceas H^3
HE A30	innocentem: innocenter H^3
HE/449–58	Henricus...fugaverat: *supplied from WC*
HE C14	Hec: Hic H^3
HE/463–7	Tempore...eos: *supplied from WC*
HE D20	feriat: fereat H^3
HE D31	persistebant: presistebant H^3
HE/493	preda: predo H^3

Metrical History

(Unless stated otherwise, corrections to *C*—including addition of any omitted words and lines—have the support of the other witnesses, *D*, *T*, and *H*.)

C/11	Troye: Troge *C*
/18	patria: *so other MSS; a later hand has added* Grecia *in C.*
/35	costas: costes *C*
/54	hec: hac *C*
/91	Cordilla: Cordoilla *corrected to* Cordeilla *C, but rhyme and C's other forms require* Cordilla: *other MSS vary in spelling.*
/112–13	que...Ferrex: *omitted by haplography C*
/131	sulcantes: fulcantes *C*
/247	parcus: partus *C*
/295	decenti: detenti *C*
/339	patrem: matrem *C*
/362	ambo: tandem *C*

C/380   velit: velud *C*
/388   superauit: *glossed* frater Oswaldi *C.*
/402–3   *At the ends of these lines, still within the space devoted to*
          the poem, is written: Hic terminatur / regnum Britonum.
/403   Yuor et Ini tunc non Anglos iure regebant *H:* Yuor et Ini
          (Yni *D)* post quem non anglos iure tenebant *CD,* Iuor et
          yni *(corrected from* yne*)* post quem non iure tenebant *T*
/445   tenetur: tuetur *C (so also H² before correction)*
/456   Londonias: *or* Londoniis *(*London' *C)*
/459   isti: *glossed* Edwardo *C*
/460   victus: unctus *C*
/492   comes: *glossed* i. Cancie *C*
/608   sat: satis *(abbreviated) C*
/614   era: ara *C,* arma *TD*

Claudius Commentary

p. 26   'Ibi inuenit…' (Cc to C/19–20): **Pandrasii:** *space left in MS*
p. 28   'Moddan regnauit…': *this note precedes* 'Mortuo Corineo…'
        *(*Cc to C/51– 60*) in the MS. The notes are reversed in this edi-*
        tion to follow proper order of events.
p. 30   'De Bruto…' (Cc to C/75–6): **filiis:** filius *Cc*
p. 30   'Quod Ruddudibras…' (Cc to C/82–6): *space follows* **prophe-**
        tabant *in MS, perhaps for* Jeu *and* Azarias *(GM §29)*
p. 34   'Iste Moruidus…' (Cc to C/143): **Moruidus:** *altered in Cc*
        from Gurmundus. *This note precedes* 'Iste Gurmundus…' *(Cc*
        to C/138) in the MS, showing that the scribe was copying from
        an exemplar.
p. 37   'De Kybelino…' (Cc to C/185–8): *the couplet at the end (on*
        separate lines in the MS and referring to C/186) is in TD but
        not H; it is not exactly opposite C/186 in the MS, and was
        probably composed at the same time as the 'Supercommentary'
        (on which see Introduction, pp. 2 and 14).
p. 38   'Eo tempore…' (Cc to C/188–92): **Widelinus:** *glossed* i. filius
        Kibellini *Cc.* **verius** *Historia Britonum abbreviata (see*
        Introduction, pp. 2 and 15): ius *Cc.*
p. 40   'Post Marium…' (Cc to C/215–22): **Deyra:** feyra *Cc.*

p. 42 'De Bassiano...' (Cc to C/235–44): **ipsum**: *?* pp^m *Cc.*

p. 43 'Constantinus Romam...' (Cc to C/247–59): **appulsus**: a
pluribus *Cc.* **nullam**: ullam *Cc. The syntax of this note is incomplete, and it is followed, on the same line, by* 'Hec puella
...' (Cc to C/263–8). In Dc the note continues: *'colligi: quibus
collectis et maria petentes ac versus Armoricanos diuertentes
subito ventus contrarius totam societatem dissipauit.'*

p. 44 'Iste Maximianus...' (Cc to C/259–60): *this note is at the foot
of fol. 18r, apparently prompted by the mention of Maximianus
in* 'Constancio successit...' (Cc to C/245–6); *Maximianus is
not mentioned in the poem until fol. 18v.*

p. 44 'Graciano propter...' (Cc to C/260–2): **per**: post *Cc.
This note is at the foot of fol. 18v, perhaps keyed with a signe
de renvoi (though there are many of these) to the end of* 'Constantinus Romam...' (Cc to C/247–59). In the gutter between
fols 18v and 19r is a note apparently corresponding to one in
Dc ('Iste Gracianus fuit ultimus rex in Britannia Romanorum
regum') and another perhaps on the monk-king Constans.

p. 44 *The four notes that follow* 'Constantinus Romam...' (Cc to C/
247–59) *in the same column on fol. 18v (i.e.* 'Hec puella....'
'Hic Rodewyn....,' 'De prodicione....,' 'Britones timentes....,'
printed here on pp. 44–5) seem to be in the wrong order.
'Hec puella...' (Cc to C/263–8) belongs after the notes 'Iste
Maximianus...' and 'Graciano propter....,' on which see just
above. 'Hic Rodewyn...' (Cc to C/272) is physically opposite
where line 272 would have been if C had not omitted it. 'De
prodicione ...' (Cc to C/273–81) is opposite line 273. These
are followed by 'Britones timentes...' (Cc to C/269–72) up to
the antipelagian mission; this note begins with a rubric B but
must have been written after the preceding notes, since it begins
near the end of the line. The spelling* Rodewyn *is normally
that of Dc. Hengist's betrayal must refer to the episode of the
long knives, since Hengist was not in England at the time of
Vortimer's murder (GM §§102–3).*

p. 49 'Interea iste...' (Cc to C/327–9): *from the middle of fol. 19r
the notes are arranged on both sides of the poem, as close as
possible to their reference. I have put them in proper sequence.*

p. 50   'Huic Aurelio...' (Cc to C/333–8): **Aurelio**: Aurelius *Cc.*
       quod: quem *Cc*

p. 51   'De Modredo...,' 'De regina...': *despite their form, these notes
       are written consecutively in the paragraph, immediately follow-
       ing* 'Mortuo Uterpendragon...' *(printed here on p. 50), and the
       three notes together form a commentary on* C/339–50.

p. 51   'Quod regina...' (Cc to C/353): **monachas**: monachos *Cc*

p. 53   'Et nota...' (Cc to C/369–72): **quod**: que *Cc.*
       citra: *perhaps for* circa, *but GM §189 has* mille ducenti.

p. 54   'Huius Cadwallonis...' (Cc to C/388): *this note is placed at
       line 373 of the poem, at the beginning of Cadwallo's reign.*

p. 56   *Continuation of* 'Iste Cadwaladrus...' (Cc to C/389– 404):
       Sergio: Sergius *Cc.*

p. 57   'Edelbertus filius...' (Cc to C/411–14): **rex**: reg *Cc*

p. 60   'Edmundus frater...' (Cc to C/445–56): **vellet**: nollet *Cc*

p. 61   'Hic apud...' (Cc to C/453): *the note is slightly deficient at the
       edge of the page, but* sept° *is clear. The second sentence (on
       Edwin) may have been misplaced; Dc here has* 'Iste beatum
       Dunstanum pro iusticia exilio dampnauit, qui toto tempore
       regis ultra mare moratus est.'

p. 61   'Edwardus filius...' (Cc to C/457–60): **rex**: r *Cc, perhaps for*
       regnauit, *with mixed syntax.*

p. 62   'Edmundo successit...' (Cc to C/471–2): **germani**: *not
       'German' but 'brother.' This curious error, shared by Dc, is
       explained by JB 907, which states that the king of Hungary,
       to whom Edmund's exiled sons had been sent,* 'Edwardo...qui
       in Cronicis dictus est Edwardus relegatus, Agatham filiam
       germani sui Henrici Imperatoris Romani...matrimonio
       copulavit.'

p. 64   'Edwardus frater...' (Cc to C/486–98): **regis**: regem *Cc.*
       'Cum rex...' (Cc to C/491–8): **Si**: Sed *Cc (or read* Sed si*).*

p. 68   'Willelmo Bastard...' (Cc to C/527–54): **Northumbria**:
       Northumbrum *Cc.* **egrediebatur**: egrediebant *Cc.*

p. 75   'Post Stephanum...' (Cc to C/591–60): **quidem**: quedam *Cc*

p. 77   'Quod Willelmus...' (Cc to C/627–32): **in**: i. *Cc*

Metrical History Continuation
(H^2 seems to be a direct copy from H^1; it is cited only where the reading of H^1 is in doubt.)

H/49   operte *or* aperte H^1, aperte H^2
  /75   fregere: fregore H^1, frigore H^2
  /208   feros: *glossed* Scotos H^1H^2
  /260   dux: *glossed* Lancastrie H^1H^2

Continuation (Harley) Commentary
(Initials omitted in H^1 have been supplied from H^2.)

p. 85   'Anno domini…' (Hc to H/103–6): *an illegible word follows*
         parliamentum H^1: qui H^2 *cannot be right.*
p. 90   *Continuation of* 'Anno gracie…' (Hc to H/203–8): **certa** H^2:
         corta H^1
p. 94   'Circa festum…' (Hc to H/259–62): **terram** H^1H^2.
         Pontefracti: loco Plancheflowr dicto *added in* H^2.
         auras: quod ve facientibus scelus illud quod pekeard *added in*
         H^2 *(showing that Pekeard, the scribe, was a Yorkist).*

INDEX OF SOURCES

Metrical History (C/1–646)

The source of almost all the poem (except C/35–40 and 529–78) is the *Harley Epitome* (HE). Consequently this index is of the sources of HE itself and of those sections of the poem not in HE. For the equivalent of C/1–404 the only possible source for HE and the Claudius Commentary (Cc) is Geoffrey of Monmouth (*GM*). For the equivalent of C/405–646 (English and Norman kings) the sources are less easy to pin down, since much information is common to several chronicles; moreover, HE and Cc may use different sources. John of Brompton (*JB*) shares more of the details than any others, but the sources that lie behind *JB* are often closer: Henry of Huntingdon (*HH*), William of Malmesbury [the *Gesta regum*] (*WM*), Roger of Hoveden (*RHC*), John of Worcester (*JW*), and Simeon of Durham (*SD*); for large sections *RHC*, *JW*, and *SD* are almost identical.

5–9:	*GM* §5	169–70:	*GM* §53
11–18:	*GM* §6	171–4:	*GM* §53
19–22:	*GM* §§7–15	175–82:	*GM* §§53–63
23–30:	*GM* §§15–16	183–8:	*GM* §§64–5
31–4:	*GM* §17	189–202:	*GM* §§65–9
35–40:	(not HE or *WC*) *GM* §21	203–14:	*GM* §70
41–4:	*GM* §§21–2	215–26:	*GM* §§71–3
45–50:	*GM* §23	227–44:	*GM* §§74–8
51–60:	*GM* §§24–5	245–60:	*GM* §§78–89
61–8:	*GM* §§26–7	261–8:	*GM* §§93–100
69–74:	*GM* §27	269–72:	*GM* §§100–3
75–83:	*GM* §27–9	273–88:	*GM* §§103–5
84–6:	*GM* §31	289–326:	*GM* §§106–8
87–102:	*GM* §31	327–32:	*GM* §§118–30
103–8:	*GM* §32	333–8:	*GM* §§134–42
109–14:	*GM* §33	339–58:	*GM* §§143–78
115–20:	*GM* §§33–4	359–66:	*GM* §§178–81
121–37:	*GM* §§35–44	367–72:	*GM* §§182–9
138–42:	*GM* §§45–7	373–88:	*GM* §§190–201
143–7:	*GM* §§48–9	389–402:	*GM* §§202–6
147–68:	*GM* §§50–2	403–4:	*GM* §207

C/405–15: *JB* 801–2 ('Ethelbrictum filium Aylmundi'); he is proper-
ly called Egbert in *JB* 778, *HH* 4.28, *RHC* 1.28–9.

Cc to C/411–14 'Edelbertus filius…': *JB* 778 has Bernulphus but no
king of the Danes.

C/416–20: Athelwulf: *JB* 802; *WM* §109 is close.

C/421–3: Athelwulf's sons: see footnote, p. 58. Only *JB* 808 gives
Ethelbald a five-month reign.

C/424–30: Ethelbert: *JB* 808–9; *WM* §119 has Osecg but no second
king.

C/431–4: Alfred: most historians have these details, including the
premature anointing.

C/435–9: Edward the Elder: *JB* 831.

Cc to C/437–8 'Isti reges…': 'chose him as father and lord': *RHC*
1.53, *JW* 382, *Flor* 1.488; not in *SD* or *JB*.

C/440–4: Athelstan: *JB* 837–8, *WM* §131.

C/445–8: Edmund: *JB* 857–8; cf. *WM* §144.

C/449–50: Ethelred: *JB* 862, *WM* §146.

C/451–2: Edwin: outlines in most historians, e.g. *JB* 862–3, *WM* §147.

C/453–6: Edgar: Scottish kings in boat: *RHC* 1.63–5, *JW* 424–6
(*Civitas Legionum* = Chester), *SD* 2.130–1; in *JB* 869 the city is
Leicester, the river the Liee.

Cc to C/445–56 'Edmundus frater…': (1) account of his death: *RHC*
1.56, *JW* 382, *SD* 2.126, *Flor* 1.500; (2) Dunstan informed of
king's death: *JB* 862, *RHC* 1.60, *JW* 404, *SD* 2.127, *WM* §146
(but not as close); (3) Dunstan's recall by Edgar: *RHC* 1.60, *JW*
406, *SD* 2.128, *JB* 863.

Cc to C/453 'Hic apud…': *pro iusticia*: *RHC* 1.60, *JW* 404, *SD*
2.27–8.

C/457–8: Edward martyr: *JB* 873, *HH* 5.27, *WM* §162, *RHC* 1.65, *JW*
428–30, *SD* 2.132.

C/459–60: Ethelred: all historians, e.g. *JB* 877–93, *WM* §164.

C/461–6: Edmund Ironside: *JB* 903–8; cf. *HH* 6.12–14, *Flor* 1.539, 541, 545–7; in *WM* §180 Knut declines a duel.

Cc to C/461–6 'Causa autem ...': *JB* 903, *RHC* 1.81–5, *JW* 484–92, *SD* 2.149–53; Battle at Gillingham: *JB* 904, *HH* 6.13, *WM* §180, *RHC* 2.82, *JW* 486, *SD* 2.149–50, *Flor* 1.542.

C/467–8: Edmund's death:

Cc to C/467–8 'Diuisa est...': (1) murder in privy: *JB* 906, *HH* 6.14, *WM* §180, *Flor* 1.546; not in *RHC, JW, SD.* (2) murderer Eadric or son and his death: *JB* 888, 908, et al.

C/469–83: Knut: *JB* 908–14; only *HH* 6.17 has the 'three notable deeds'; the story of the tide is not in *RHC,* etc.

Cc to C/471–2 'Edmundo successit...': issue of Edmund: *JB* 907 (less fully in *RHC* 1.86–7, *JW* 502–4, *SD* 2.155, *WM* §180).

Cc to C/471–85 'Knutus rex...': visit to Rome: nearly identical in *RHC* 1.88–9, *JW* 512, *SD* 2.157; also in *HH* 6.16, *JB* 912; different words in *WM* §§182–3. Note Cc's error on length of reign.

C/484: Harald Harfot: no source identifiable or needed.

C/485: Harthcnut: no source identifiable or needed.

Cc to C/485 'Cum duobus...': account of death: *JB* 934; also in *RHC* 1.92, *JW* 532–4, *SD* 2.162, *Flor* 1.564; not in *HH* or *WM.*

C/486–98: Edward the Confessor: (1) Scottish succession: *RHC* 1.100–1, *JW* 574–6, *SD* 2.171; *WM* §196 similar; not in *JB.* (2) death of Godwin: close to *HH* 6.23; *JB* 944 similar (place = Windsor); different wording in *WM* §197 (no place), *Flor* 1.572–3 (Winchester); this story not in *RHC, JW, SD.*

Cc to C/486–98 'Edwardus frater...': (1) description of earl of Northumbria: *HH* 6.22, *WM* §196; (2) death of Alfred: *JB* 935, *RHC* 1.89–90, *JW* 522–4, *SD* 2.158–9; not in this way in *WM* §188, *Flor* 1.558, *HH* 6.20.

Cc to C/491–8 'Cum rex...': death of Godwin: as listed for poem (above).

C/499–506: Harold Godwinson: *JB* 947; not quite the same in *HH*
  6.25, *RHC* 1.114–15, *SD* 2.183–4; not in *JW.*
Cc to C/499–510 'Haraldus regnauit...': favourable note: *RHC*
  1.108– 11, *JW* 600, *SD* 2.179, *JB* 958.

C/507: appeal to pope: *JB* 958; cf. *WM* §238.

C/508–26: William the Conqueror:
C/513–14: coronation: *JB* 963 and most historians.
C/515–22: reasons for the invasion: *JB* 958, *HH* 6.27 (but neither
  mentions the repudiated betrothal); *RHC* 1.114–15 and *SD*
  2.182–5 mention only the broken promise to support William;
  not in *JW.*
C/523–6: Malcolm's homage at Abernethy: *JB* 972, *RHC* 1.126, *JW*
  2.9, *SD* 2.196.

HE A: William the Conqueror: *JB* 959–83, *RHC* 1.116–40, *FW* 2.1–
  20, *SD* 2.185–214; sometimes *JB* is closer, sometimes *RHC*, etc.

C/527–54: William Rufus:
C/527–8: coronation (also HE): *JB* 983, *RHC* 1.140, *JW* 2.20–1,
  SD 2.214.
C/529–30: death of Malcolm of Scotland: *JB* 989–90.
C/531–8: (1) Robert's threat of invasion: *HH* 7.1, *JB* 984–6;
  (2) *buzekarl* episode from Henry I's reign: *RHC* 1.158, *JW* 2.48,
  SD 2.233; not in *JB.*
C/539–48: (1) agreement with Robert: *JB* 986; (2) William's
  renewed invasion: *RHC* 1.148, *JW* 2.33–4, *SD* 2.223, *JB* 990–1.
C/549–52: Normandy mortgaged for crusade: *JB* 992–3, *RHC* 1.153,
  JW 2.40, *SD* 2.227.
C/553–4: death of Rufus (also HE): *RHC* 1.155–6, *JW* 2.44–5, *SD*
  2.231; *JB* 996–7 similar but not as close.
Cc to C/527–54 'Willelmo Bastard...': (1) Scottish affairs: *JB* 989,
  RHC 1.146, *JW* 2.31–2, *SD* 2.221; (2) portents: *RHC* 1.156, *JW*
  2.45–6, *SD* 2.231; not in *JB.*

HE B: (1) fate of Robert Curthose (should be under Henry I): *JB*
  1002, *HH* 7.25; cf. *RHC* 1.163, *JW* 2.55, *SD* 2.238 (none in same

words as HE). (2) promised reform, Scottish succession: *RHC*
1.145–7, *JW* 2.30–2, *SD* 2.220–2, *JB* 988–90; sometimes *JB* is
closer, sometimes *RHC*, etc.

C/555–64: Henry I:

C/559–64: capture of the king of Scotland and restoration of exiled
bishops: *WC;* these episodes should, as *WC*'s telltale dates show,
be in the reign of Henry II; *JB* 1090–2, 1095 (AD 1174).

Cc to C/555–64 'Post Willelmum…': (1) capture of king of Scotland:
as listed for poem, above; (2) death from lampreys: see sources
for HE C below.

HE C: annals of Henry I, death from lampreys: *RHC* 1.157, 177,
187; *JW* 2.46–7, 74, 95–6; *SD* 2.232, 258, 286; *JB* 997–8, 1012,
1020; death from lampreys also *HH* 7.43. *JW* and *SD* sometimes
differ from *RHC*, which is always closest here to HE.

HE D: Battle of Standard: *JB* 1025–7, *RHC* 1.191–6 (*JW, SD* differ).

C/565–90: Stephen:

C/569–78: Battle of Standard: the poem's source is probably a brief
account like that in *WC*.

C/579–90: Civil War: *HH* 10, *RHC, JW, SD,* and *JB* have the events
but not in these words. Only HE (see lines 478–9) records that
Matilda took Eustace, Stephen's son, with her: in *RHC* 1.197 he
dies; in *JB* 1037 he is killed falling from a horse.

C/591–608: Henry II: HE occasionally resembles *JB* 1043, 1061,
1059, 1143, 1151.

C/609–14: Richard I: cf. *JB* 1277, 1280, 1167 (*JB* ends with Richard);
does not resemble *RHC, JW,* or *Flor. WM* stops at AD 1138, *SD* at
1153, *HH* at 1154.

C/615–34: John: no clear source.

C/635–46: Henry III: no clear source.

Metrical History Continuation (H/1–262)

Hc to H/1–4 '⟨E⟩dwardus filius…': council of Lyons: *TW, Lan.*

H/7–18: *TW* etc.
H/19–32: *TW.*
H/33–62: *TW.*
H/71–4: *TW, Eul.*
H/75–86: *TW, Lan, HK.*
H/97–102: *TW, Eul, RHP, Flor.*

H/103–10: *TW.*
Hc to H/103–6 'Anno domini…': stay at Lanercost: *Lan.*

H/111–16: *TW* etc.
H/117–22: *TW.*
Hc to H/111–42 'Iste Rex…': no chronicle mentions flight to
    Scarborough.

H/125–6: *TW, HK, RHP.*
H/127–32: *TW.*
H/133–42: *TW.*

H/145–58: *Lan.*
H/151: Gledmor: *HK, RHP, Eul* (but less detailed in other respects;
    TW has Gaskmor).
Hc to H/143–58 'Edwardus de Wyndesore…': crowned at age 16:
    Lan (*TW* says he was 14).

H/169–72: *TW.*
H/175–82: 25,000 dead: *HK* (30,000 in *Lan, Brut*); names of dead: *Lan.*

H/176–7: *TW, HK, Eul;* not in *Lan, Brut.*
Hc to H/177–82 '⟨D⟩e bello…': date: *TW, Lan.*

H/183–4: see footnote, above, p. 88.
H/185–8: list of dead: *Lan, HK* (*TW* omits archbishop); on king of
    Majorca, see footnote, p. 88.

Hc to H/203–8 'Anno gracie...': (1) creation of earls: *TW, HK;*
   (2) Alice Perrers: *TW;* (3) Isle of Wight: *TW, HK.* Acquisition of
   Cherbourg not in chronicles.
H/207–8: Berwick: *TW.*

H/209–10: *TW.*
Hc to H/209–16 'Anno domini...': list of dead: *TW* (omissions in
   HK, Brut).

Hc to H/217–18 'Eodem anno...': proroguing of parliament: *TW.*

H/219–22: *TW, HK* (numbers of dead differ).
H/223–32: *TW.*
H/233–6: *TW, HK.*

H/237–40: *TW, Eul.*
H/241–4: *TW, HK, Eul* (but *TW* does not name Radcot Bridge).
Hc to H/233–44 'Eodem anno Robertus...': differs from others in
   mentioning death of Tresilian.

H/245–6: *TW, HK.*
Hc to H/245–6 'Anno domini...': only Hc has first name George.

H/247–8: *TW.*
Hc to H/247–8 'Eodem anno in parliamento ...': Holland: *TW, Eul.*

H/249–50: *TW.*

H/254–5: *TW, Eul.*
Hc to H/251–6 'Anno Regis...': (1) on H/251–2: *TW;* (2) murder at
   Calais: *Eul* (Isle of Wight in *TW*). Removal of parliament not in
   chronicles.

Hc to H/257–8 'Parum ante...': *TW,* often word for word.

Hc to H/259–62 'Circa festum...': *TW* (which omits mention of
   Milford Haven and says that Bagot escaped).

Metrical History	Harley Epitome
—	HE A01: AD 1166
—	HE A01: Note on Anselm
C/509–10: Battle of Hastings	HE A02–39: Hastings, tribute, siege of York, William's revenge, Malcolm's invasion, Abernethy submission, devastation in north, 6s levy, William's legacy and death
C/527–8: Rufus succeeds	HE/439–41: Rufus succeeds
—	—
—	—
C/529–30: death of Malcolm	HE/442–4: death of Malcolm
C/531–52: invasion by Curthose, settlement	—
—	HE B01–05: capture of Curthose, death for refusing kingship of Jerusalem
—	HE B05–21: Rufus reforms, Durham built, Malcolm's death, Scottish succession
C/553–4: death of Rufus	HE/445–8: death of Rufus
C/555–64: capture of William of Scotland, repatriation of bishops	—
—	HE C: Henry's good laws, marriage to Matilda, death from lampreys
C/565–8: Stephen's lineage	HE/459–60: Stephen's lineage
—	HE/461–2: Stephen's crowning, succession
C/569–78: brief account of Battle of Standard	—
—	HE D: detailed account of Battle of Standard, speech of bishop of Orkneys
C/579–90: civil war and settlement	HE/468–79: civil war and settlement

Walter of Coventry (*WC*)	Ur-HE
AD 1066	—
—	—
—	—
Rufus succeeds	Rufus succeeds
Note on Anselm	Note on Anselm
Wulfstan; Westminster Hall; Rufus killed	—
death of Malcolm	death of Malcolm
—	—
capture of Curthose, blinded for refusing kingship of Jerusalem	—
—	—
—	death of Rufus
capture of William of Scotland, repatriation of bishops	—
—	—
Stephen's lineage	Stephen's lineage
—	—
brief account of Battle of Standard	brief account of Battle of Standard
—	—
—	civil war and settlement

TORONTO MEDIEVAL LATIN TEXTS